Katharina Hofer

# Die Bedeutung von Social Media im Prozess der Identitätsbildung in der Adoleszenz

**Bibliografische Information der Deutschen Nationalbibliothek:**

Die Deutsche Nationalbibliothek verzeichnet diese Publikation in der Deutschen Nationalbibliografie; detaillierte bibliografische Daten sind im Internet über http://dnb.d-nb.de abrufbar.

**Impressum:**

Copyright © Science Factory 2021

Ein Imprint der GRIN Publishing GmbH, München

Druck und Bindung: Books on Demand GmbH, Norderstedt, Germany

Covergestaltung: GRIN Publishing GmbH

# Abstract

Die vorliegende Arbeit beschäftigt sich mit der Bedeutung von Social Media im Prozess der Identitätsbildung in der Adoleszenz. Ziel ist es, einen empirischen, zeitgemäßen Beitrag zu erbringen. Die gegenwärtige Vernetzung und Omnipräsenz von Medien nehmen im Prozess der Identitätsbildung während der Adoleszenz einen bedeutsamen Stellenwert ein. Social Media stellen insofern – als fester Bestandteil hybrider Alltagswirklichkeiten – ein erweitertes Handlungsfeld für Heranwachsende dar. Infolgedessen sollen die nachstehenden Forschungsfragen untersucht werden: Welche Möglichkeiten bieten Social Media Heranwachsenden im Prozess der Identitätsbildung? Welche Probleme können sich hierbei ergeben? Diese sollen anhand interdisziplinär ausgewählter, wissenschaftlich fundierter Literatur herausgearbeitet und vorgestellt werden. Die Ergebnisse zeigen, dass sich Social Media einerseits zwar als Möglichkeitsraum darstellen, innerhalb dessen Heranwachsende Identität(en) auf verschiedene Art und Weise konstituieren können; andererseits muss dieser jedoch stets unter den hiermit verbundenen Problemen betrachtet werden. In Anbetracht der zeitlich bedingten Wandelbarkeit des Themengebietes Social Media und Identitätsbildung, eröffnet dieses fortwährend weiteren Forschungsbedarf.

## The Relevance of Social Media in the Process of Identity Formation in Adolescence

The present scientific paper deals with the relevance of social media in the process of identity formation in adolescence. The aim is to provide a contemporary, empirical contribution. The present interconnectedness and omnipresence of media take on an important role in the process of identity formation in adolescence. In this respect, social media – as an inherent part of hybrid everyday reality – represent an extended field of action for adolescents. Consequently, the following research questions are to be dealt with: What are the opportunities of social media for adolescents in the process of identity formation? What problems could arise in this context? These questions are to be elaborated and presented on the basis of interdisciplinarily selected, scientifically sound literature. The results show that while on the one hand, social media represent a field of action, in which adolescents may constitute their identity – or identities – in various ways, on the other hand, this field of action always has to be considered in respect of its related problems. In view of the fact that the subject area of social media and identity formation is steadily changing, there is a constant need for further research.

# Inhaltsverzeichnis

Abstract .................................................................................................................. III

Abbildungsverzeichnis ........................................................................................ V

1. Einleitung ........................................................................................................ 1

2 Grundlagen ...................................................................................................... 4

   2.1   Entwicklungsaufgaben in der Adoleszenz ............................................ 4

   2.2   Identitätsbildungsprozesse ...................................................................... 8

3 Medien und Sozialisation ............................................................................ 16

   3.1   Theorien zur Subjektivität im 21. Jhdt. ................................................ 20

   3.2   Social Media als Möglichkeitsraum ..................................................... 28

4 Identitätsbildung und Social Media .......................................................... 37

   4.1   Möglichkeiten .......................................................................................... 39

   4.2   Probleme .................................................................................................. 45

5 Fazit und Ausblick ....................................................................................... 53

Literaturverzeichnis .......................................................................................... 56

# Abbildungsverzeichnis

Abb.1: SNS-Nutzungsverhalten global ................................................................. 32

Abb.2: SNS-Nutzungsverhalten Jugend AT ........................................................ 38

# 1. Einleitung

Das Konzept der Identität stellt im wissenschaftlichen Diskurs ein häufig behandeltes Thema dar, das eine Vielzahl unterschiedlicher Zugänge eröffnet. Dies lässt sich u. a. darauf zurückführen, dass Identitätsbildungsprozesse stets zeitlich bedingten, gesellschaftlichen Wandlungsprozessen sowie kulturellen Gegebenheiten unterliegen und somit in ihrer Konzeption als veränderbar erscheinen.

„Wer bin ich?" Diese Leitfrage sowie viele weitere Ausdifferenzierungen nehmen in unserer (westlichen) multioptionalen, vernetzten Gesellschaft gegenwärtig nach wie vor einen zentralen Stellenwert ein. Menschen sind kontinuierlich dazu angehalten, eigene Identität(en) zu konstituieren und zu behaupten.

Insbesondere die Phase der Adoleszenz kennzeichnet sich durch wesentliche Identitätsbildungsprozesse. Vor dem Hintergrund vernetzter und (mobil) omnipräsenter Medien bilden Heranwachsende neben realweltlicher Interaktion gleichzeitig auch in medialer Interaktion Identität(en) innerhalb sozialer Netzwerke heraus. Social Media lassen sich in diesem Kontext als ein fester Bestandteil hybrider Alltagwirklichkeiten bergreifen – realweltliche und mediale Aktivitäten sind nicht eindeutig voneinander abzugrenzen, vielmehr fallen diese zusammen.

Das Anliegen der vorliegenden Arbeit ist es deshalb, einen wissenschaftlich zeitgemäßen Beitrag zu erbringen, der die Bedeutung von Social Media als erweitertes Handlungsfeld für die Identitätsbildung in der Adoleszenz darstellen soll.

Welche Möglichkeiten bieten Social Media Heranwachsenden im Prozess der Identitätsbildung? Welche Probleme können sich hierbei ergeben?

Anhand interdisziplinär ausgewählter, empirisch fundierter Literatur sollen diese erarbeitet und anschließend analysiert werden. Die Arbeit beschränkt sich hierbei auf ausgewählte Social-Media-Formate, die allerdings erst im weiteren Verlauf herausgearbeitet werden sollen.

Zu Beginn sollen grundlegende Begrifflichkeiten geklärt werden, um ein fundamentales Verständnis für die weitere Bearbeitung zu schaffen (Kapitel 2). Hierfür wird zunächst aufgezeigt, wie sich der Begriff der Adoleszenz bzw. Jugend fassen lässt, unter welchen Annahmen sich die Adoleszenz bzw. Jugend zu einer eigenen Lebensphase entwickelt hat, welche Merkmale sich kennzeichnend für diese Phase darstellen und wie sie sich von anderen Lebensphasen abgrenzen lässt.

Anschließend soll das Konzept der Entwicklungsaufgaben unter besonderem Bezug auf die Phase der Adoleszenz bzw. Jugend aufgeführt werden. Ursprung,

Definierbarkeit, weitere Ausdifferenzierungen und der gegenwärtige Stellenwert des Konzeptes werden hierzu beleuchtet. (Kapitel 2.1)

Im Anschluss nimmt die Analyse sich dem Begriff der Identität und der Frage an, durch welche Prozesse Identität konstituiert wird. Hierfür werden die historischen Entwicklungslinien des Identitätsbegriffs unter Einbezug ausgewählter Theorien (George Herbert Mead und Erik H. Erikson) nachgezeichnet. Besondere Bedeutung wird an dieser Stelle der Betrachtung gegenwärtig bedeutender Ansätze von Identitätsbildungsprozessen (u. a. aus der Postmoderne) beigemessen. Um postmoderne Denkansätze verständlicher darstellen zu können, werden diese durch eine kurze Einführung in die Debatte der Postmoderne ergänzt. Zudem soll ausgemacht werden, welche Räume sich für jene Identitätsbildungsprozesse in der Phase der Adoleszenz bzw. Jugend eröffnen können. (Kapitel 2.2)

Im Anschluss werden die Begriffe „Medien" und „Sozialisation" zunächst differenziert erläutert, um diese folglich in einem ambivalenten Verhältnis zueinander zu betrachten: der Mediensozialisation. Anhand verschiedener Zugänge wird versucht, das Feld der Mediensozialisation – unter besonderem Einbezug kultureller Aspekte – zu beschreiben. (Kapitel 3)

Um sich den Theorien der Subjektivität des 21. Jahrhunderts annehmen zu können, sollen vorweg die maßgebenden Arbeiten von Michel Foucault und Judith Butler zur Subjektkonstitution zusammenfassend vorgestellt werden. Auf dieser Grundlage werden dann, unter zunehmendem Bezug zu Medien, ausgewählte Subjektivitätstheorien des 21. Jahrhunderts betrachtet. (Kapitel 3.1)

Schließlich wird das Feld der Social Media eröffnet. Hierzu wird der Begriff „Social Media" hinsichtlich dessen Funktion erfasst und durch eine ausgewählte Kategorisierung dessen Formen ein allgemeiner Überblick geschaffen. An dieser Stelle wird ersichtlich, weshalb sich das Forschungsinteresse der vorliegenden Arbeit insbesondere auf den Bereich von Social Networks richtet. Eine Grafik (2020) visualisiert hierfür die weltweit größten Social Networks und Messenger-Dienste nach Anzahl der Nutzerinnen und Nutzer. Abschließend wird aufgeführt, inwiefern sich Social Media als technisch konstruierter Raum darstellen und inwieweit dieser „geformt" wird. (Kapitel 3.2)

Einleitung

Nachdem nun ein fundamentales Verständnis geschaffen wurde, werden Identitätsbildungsbildungsprozesse in der Adoleszenz und Social Media schließlich zusammengeführt. Eine Grafik (2020) veranschaulicht an dieser Stelle das Nutzungsverhalten Heranwachsender in Bezug auf Social Networks in Österreich. (Kapitel 4) Letztlich werden die Möglichkeiten (Kapitel 4.1) und Probleme (Kapitel 4.2), die sich im Prozess der Identitätsbildung für Heranwachsende durch Social Media bzw. Social Networks ergeben, herausgearbeitet und präsentiert.

## 2 Grundlagen

### 2.1 Entwicklungsaufgaben in der Adoleszenz

Zu Beginn soll sich dem Begriff der Adoleszenz oder Jugend grundlegend angenähert werden. Wie lässt sich dieser Begriff fassen? Vor welchem Hintergrund hat sich die Adoleszenz bzw. Jugend zu einer eigenständigen Lebensphase entwickelt? Durch welche Merkmale lässt sich diese Lebensphase kennzeichnen und von anderen Lebensphasen abgrenzen?

Zunächst gilt es festzuhalten, dass die Lebensphase der Adoleszenz oder Jugend als eine wissenschaftlich und kulturell definierte Kategorie betrachtet werden muss. Altersmäßig junge Menschen existieren zwar in jeder Gesellschaft, die Phase der Adoleszenz oder Jugend allerdings nicht – sie ist ein sozial und kulturell geschaffenes Konstrukt und somit veränderbar. Infolgedessen lässt sich der Begriff der Adoleszenz und der Jugend weder eindeutig noch als selbstverständlich bestimmen und muss stets im Kontext geschichtlicher sowie gesellschaftlicher Aspekte betrachtet werden. (Vgl. Luedtke 2018: 205)

In Folge wesentlicher Veränderungen der Produktions- und Sozialstruktur in Europa, während der Ablösung der Agrar- durch die Dienstleistungsgesellschaft im späten 19. und frühen 20. Jahrhundert, entwickelte sich eine neue, eigenständige Lebensphase: die Adoleszenz oder Jugend. Veränderungen wie die zunehmende Sphärenteilung zwischen Haushalt und Erwerbsarbeit und die damit einhergehende Arbeitsteilung wirkten sich drastisch auf die vorherrschende Familienstruktur aus. Als weitere Merkmale gesellschaftlicher Entwicklungen, welche Adoleszenz oder Jugend als eigenständige Lebensphase bestimmten, sind das lebenslange Lernen, die Selbstgestaltung des Lebens, sowie die verlängerte Ausbildungszeit zu nennen. (Vgl. Grob/Jaschinski 2003: 13 f.)

Die Begriffe der Adoleszenz und der Jugend lassen sich gleichbedeutend für den Lebensabschnitt zwischen dem Ende der Kindheit und dem Beginn des Erwachsenenalters verwenden. Diese Lebensphase umfasst in etwa das Alter von 10 bis 20 Jahren. (Vgl. ebd.: 12) Nach deutschem Jugendschutzgesetz (§ 1 Begriffsbestimmungen) wird der Lebensabschnitt der Jugend mit dem Altersbereich von 14 bis 17 Jahren definiert (vgl. O.V. o. J.).

Der Lebensabschnitt der Adoleszenz oder Jugend lässt sich insofern nur durch vergleichsweise unbestimmte Altersgrenzen fassen. Zudem kennzeichnet sich dieser Lebensabschnitt durch eine ausgeprägte interne Differenzierung – z. B. durch

Jugendkulturen, Geschlecht oder ethnische und soziale Herkunft. (Vgl. Luedtke 2018: 205)

Die Phase der Jugend kann als eine Phase des Übergangs oder der Transition betrachtet werden: der Übergang vom Kind zum Jugendlichen und vom Jugendlichen zum Erwachsenen. Nach Eintreten der Pubertät, gekennzeichnet durch die Geschlechtsreife, gilt die Phase der Kindheit als abgeschlossen. Der Beginn der Jugend wird durch biophysiologische Veränderungen, gefolgt von psychischen Auswirkungen, bestimmt. Psychische Auswirkungen können beispielsweise die Abgrenzung der Familie, ein verändertes Körpergefühl oder Schamgefühle darstellen und erfordern eine psychische Bewältigung. Die Phase der Jugend ist aus soziologischer Sicht dann beendet, wenn bestimmte (vorhergesehene) „Rollen" in einer Gesellschaft von den Heranwachsenden übernommen worden sind. Rollenvorstellungen können z. B. durch den Beruf oder durch die Partnerschaft bzw. Ehe bestimmt sein. Aus psychologischer Perspektive betrachtet ist die Phase der Jugend dann abgeschlossen, wenn die Entwicklungsaufgaben in der Adoleszenz erfolgreich bewältigt wurden. (Vgl. Grob/Jaschinski 2003: 12–18)

Im folgenden Abschnitt soll deshalb das Konzept der Entwicklungsaufgaben, unter besonderer Beachtung der Phase der Adoleszenz, vorgestellt werden. Hierzu werden der Ursprung, die Definierbarkeit, weitere Ausdifferenzierungen und der gegenwärtige Stellenwert des Konzeptes betrachtet.

Über den gesamten Lebenslauf hinweg, vor allem bei einschneidenden Krisen oder biografischen Umbrüchen und Übergängen, wird das Individuum ständig mit unbekannten Situationen konfrontiert, die jeweils bestimmte Handlungsformen zur Bewältigung erfordern. Besonders die Phase der Adoleszenz ist gekennzeichnet durch eine dichte Abfolge an Bewältigungskrisen. Zur Orientierung und Analyse dieser Prozesse eignet sich das sozialisationstheoretische Konzept der Entwicklungsaufgaben. (Vgl. Havighurst 1953: 111; Vgl. Hurrelmann/Bauer 2018: 106)

Ursprünglich wurde das Konzept der Entwicklungsaufgaben in der ersten Hälfte des 20. Jahrhunderts vom Erziehungswissenschaftler und Soziologen Robert J. Havighurst (1900–1991) begründet und anschließend immer weiter ausdifferenziert (siehe Havighurst 1953). Mittlerweile gilt das Konzept der Entwicklungsaufgaben, wie u. a. in den Arbeiten von (Fend/Fend 1994), (Hurrelmann 2018) oder (Quenzel 2015) deutlich wird, als „[...] eines der theoretisch entfalteten und empirisch gut begründeten Schlüsselkonzepte in der Entwicklungspsychologie, der Sozialisationsforschung und der Pädagogischen Psychologie" (Braun 2020: 155).

Dieses lässt sich vor allem in den psychologischen Theorien von Robert J. Havighurst und Urie Bronfenbrenner, aber auch in den soziologischen Theorien von Lothar Krappmann und Jürgen Habermas wiederfinden. Das Konzept ermöglicht es, soziale Anforderungen und die jeweils individuellen Entwicklungsverläufe ins Verhältnis zu setzen, sowie bestimmte Etappenziele der Entwicklung zu identifizieren. (Vgl. Hurrelmann/Bauer 2018: 106)

Havighurst definiert Entwicklungsaufgaben wie folgt:

> "A developmental task is a task which arises at or about a certain period in the life of the individual, successful achievement of which leads to his happiness and to success with later tasks, while failure leads to unhappiness in the individual, disapproval by the society, and difficulty with later tasks." (Havighurst 1953: 2)

Hurrelmann fasst Entwicklungsaufgaben in Anlehnung daran als die für die verschiedenen Altersabschnitte typischen körperlichen, psychischen und sozialen Anforderungen und Erwartungen der sozialen Umwelt an die Individuen zusammen (vgl. Hurrelmann/Quenzel 2016: 24).

Physiologische Reifung, Umwelteinflüsse bzw. normative Erwartungen der Gesellschaft und individuelle Ziele und Vorstellungen lassen sich als Quellen von Entwicklungsaufgaben festmachen. Voraussetzung für deren Bewältigung ist eine erfolgreiche Abstimmung von biologischen und psychischen Anforderungen der inneren Realität mit den ökologischen und gesellschaftlichen Anforderungen der äußeren Realität. Hierbei gelten die biologischen und psychischen Anforderungen der inneren Realität in den verschiedenen Lebensabschnitten als universal und sind daher in allen Kulturen, nach vorwiegend vorgegebenen Mustern, zu bewältigen. Die ökologischen und gesellschaftlichen Anforderungen der äußeren Realität unterscheiden sich dagegen bedeutend in Bezug auf die wirtschaftlichen, politischen und kulturellen Bedingungen und den Entwicklungsstand einer Gesellschaft. (Vgl. Mienert 2008: 32 f.)

Havighurst teilt den verschiedenen Lebensphasen vom Säuglingsalter bis ins späte Erwachsenenalter konkrete Entwicklungsaufgaben zu. Wesentliche Anforderungen des Jugendalters sind nach Havighurst der Aufbau von Beziehungen zu Gleichaltrigen verschiedenen Geschlechts, die Übernahme der eigenen Geschlechtsrolle, das Akzeptieren des eigenen Körpers, die Loslösung und emotionale Unabhängigkeit von den Eltern oder anderen Betreuungspersonen, die ökonomische Unabhängigkeit, die Berufswahl und -ausbildung, die Vorbereitung auf Heirat und Familienleben, der Erwerb intellektueller Fähigkeiten, die Entwicklung sozialverantwortlichen Handelns sowie der Erwerb eines ethischen Systems und von Werten als Orientierung für das eigene Verhalten. (Vgl. Havighurst 1953: 111-158)

Verschiedene Untersuchungen zu den Entwicklungsaufgaben, mit welchen sich die heutige Jugend konfrontiert sieht, zeigen, dass einige der von Havighurst genannten Aufgaben zwar gegenwärtig nicht mehr gleichermaßen gültig sind und eine Überarbeitung erfordern, inhaltlich aber dennoch weiterhin eine bedeutende Ähnlichkeit zueinander aufweisen (vgl. Eschenbeck/Knauf 2018: 25f). Die Auffassung, die Entwicklung eines Menschen würde chronologisch ablaufen und demnach gesellschaftliche Normalitätsvorstellungen widerspiegeln, ist jedoch – vor allem durch Modernisierungs- und Individualisierungsprozesse – als überholt anzusehen (vgl. Mienert 2008: 34).

Nach Hurrelmann lassen sich die Entwicklungsaufgaben in vier unterschiedliche Bereiche einteilen: Qualifizieren, Binden, Konsumieren und Partizipieren. Qualifizieren meint an dieser Stelle den Aufbau intellektueller und sozialer Kompetenzen, Binden meint den Aufbau einer eigenen Geschlechtsidentität und eine Partnerbindung, Konsumieren die Fähigkeit zur Nutzung von verschiedenen Konsumangeboten und Partizipieren die Entwicklung politischer Teilhabe und den Aufbau eines eigenen Wertesystems. (Vgl. Hurrelmann/Quenzel 2013: 41) Der Übergang vom Jugendlichen zum Erwachsenen gilt dann als abgeschlossen, wenn die verschiedenen Aufgabenbereiche erfolgreich durchlaufen und eine Mitgliedsrolle in der Gesellschaft übernommen wurde (vgl. Hurrelmann/Quenzel 2016: 38).

Der Pädagoge und Psychologe Helmut Fend klassifiziert Entwicklungsaufgaben in der Adoleszenz in drei Bereiche: den intrapersonalen, den interpersonalen und den kulturell-sachlichen Bereich. Der Bereich der intrapersonalen Art ergibt sich aus den inneren (physiologischen und psychologischen) Veränderungen in der Adoleszenz, unter dem interpersonalen Bereich lässt sich das gesamte soziale Beziehungsgefüge eines Individuums subsumieren und der kulturell-sachliche Bereich stellt die Gesamtheit kultureller Ansprüche, Vorgaben und Entwicklungsmöglichkeiten dar. Diese drei Aufgabenbereiche werden durch das übergeordnete Ziel, die Erarbeitung der eigenen Identität, zusammengehalten. Identitätsbildung meint an dieser Stelle, ein bewusstes Verhältnis zu sich selbst und zur Umwelt zu konstruieren, sowie sich in der vorgegebenen Kultur verorten zu können. Gegenwärtig lässt sich die Konstruktion der eigenen Identität als zentrale Entwicklungsaufgabe in der Jugend betrachten. (Vgl. Fend 2005: 211)

In den empirischen Studien von Dreher und Dreher (vgl. 1985: 36) zu den Entwicklungsaufgaben in der Adoleszenz lässt sich feststellen, dass die von Havighurst genannte Entwicklungsaufgabe des Erwerbs sozialverantwortlichen Handelns nicht mehr als solche aufgeführt wird, anstelle dessen aber die Entwicklungsaufgaben Aufnahme intimer Beziehungen zur Partnerin bzw. zum Partner, Entwicklung einer Zukunftsperspektive und Entwicklung der eigenen Identität hinzugefügt worden sind. Zudem wird ersichtlich, dass Jugendliche den Kategorien Beruf, Identität und Peerbeziehungen als Entwicklungsaufgaben die höchste Bedeutung beimessen (vgl. ebd.: 40).

Zusammenfassend ergibt sich, dass das ursprünglich von Havighurst begründete Konzept der Entwicklungsaufgaben nach wie vor in vielen Bereichen einen bedeutsamen Stellenwert einnimmt, inhaltlich aber stellenweise als überholt anzunehmen ist und folglich einer zeitgemäßen Betrachtung bedarf. Aus den zuvor aufgeführten Perspektiven wird ersichtlich, dass der im Laufe der Zeit neu hinzugekommenen Herausforderung der Identitätsbildung von Heranwachsenden besondere Bedeutung beigemessen wird. Die Bildung der eigenen Identität lässt sich insofern als zentrale Entwicklungsaufgabe in der Adoleszenz festhalten.

## 2.2 Identitätsbildungsprozesse

Wie lässt sich der Begriff der Identität beschreiben? Durch welche Prozesse konstruiert sich Identität? Hierfür sollen die Entwicklungslinien des Identitätsbegriffs durch die Vorstellung ausgewählter, historisch bedeutender Identitätsbildungstheorien und einer anschließenden Betrachtung neuerer Ansätze von Identitätsbildungsprozessen u. a. aus der Postmoderne nachgezeichnet werden. Der historische Rückblick wird sich auf die Vorstellung von zwei klassischen Ansätzen der Soziologie und der Psychoanalyse begrenzen, um den Fokus auf zeitgemäße Anschauungen des Identitätskonzeptes zu setzen. Um postmoderne Denkansätze besser nachvollziehen zu können, wird ein kurzer Einblick in die Debatte der Postmoderne vorangestellt. Abschließend soll außerdem geklärt werden, welche Räume sich für jene Identitätsbildungsprozesse in der Phase der Adoleszenz ergeben können.

Als klassische Identitätstheorie der sozialwissenschaftlichen Identitätsforschung soll George Herbert Mead (1863–1931) mit seinem Schlüsselwerk „Geist, Identität und Gesellschaft" aufgeführt werden (siehe Mead/Morris 2017). Identität konstruiert sich nach Mead durch die Fähigkeit der Rollen- und Perspektivübernahme. Das Subjekt lernt, ein Verhältnis zu sich selbst einzunehmen, indem es durch das

Hineinversetzen in die Rollen anderer und die Antizipation dessen Verhaltens gleichzeitig sich selbst betrachtet. Erst durch dieses wechselseitige Interpretieren von Handlungen kann sich das Subjekt seines Selbst bewusst werden. Als Mittel zur Verständigung fungiert die Sprache: Mead beschreibt Kommunikation als die Verwendung der gleichen Symbole in der Sprache. Identitätsentwicklung findet nach Mead konkret durch zwei verschiedene Spielformen während der Kindheit statt: dem Spiel (play) und dem Wettkampf (game). Im Spiel übernimmt das Kind Rollen von wichtigen Bezugspersonen, den signifikanten Anderen, im Wettkampf lernt das Kind in Interaktion mit den generalisierten Anderen die Haltungen aller Teilnehmerinnen und Teilnehmer zu antizipieren und zu koordinieren. (Vgl. ebd.: 187–216) Das Selbst (self) eines Individuums konstituiert sich nach Mead durch zwei zentrale Instanzen: das I und das me. Das me lässt sich als soziale Identität beschreiben und umfasst die Erfahrung gesamtgesellschaftlicher Erwartungen an das Subjekt. Das I als personale Identität repräsentiert die Ausdrücke unbewusster, impulsiver Bedürfnisse des Subjekts. (Vgl. ebd.: 216–221)

Als grundlegender psychoanalytisch orientierter Ansatz der Identitätsbildung gilt es Erik H. Erikson (1902-1994) mit seinem Schlüsselwerk „Identität und Lebenszyklus" vorzustellen (siehe Erikson 2017). Erikson vertritt hier die Auffassung, dass der Lebenslauf eines Menschen von verschiedenen Phasen geprägt ist, in welchen spezifische Entwicklungsaufgaben an das Individuum gestellt werden und bewältigt werden müssen. Die Bewältigung dieser altersspezifischen Anforderungen erfolgt nach einer bipolaren Struktur: Krisen, die erfolgreich bewältigt wurden, tragen zu einer Förderung der Persönlichkeitsstruktur des Individuums bei, das Scheitern an Herausforderungen dagegen kann die Persönlichkeitsstruktur beeinträchtigen oder gar schädigen. Diesen Entwicklungsprozess bezeichnet Erikson als epigenetisches Wachstum. (Vgl. ebd.: 55–122) Die Phase der Adoleszenz markiert nach Erikson die zentrale Entwicklungsaufgabe der Identitätsbildung oder -diffusion. In dieser Phase werden bisher erfahrene Identifizierungen und Sicherheiten von Heranwachsenden erstmals kritisch reflektiert und es wird alles daran gesetzt, die eigene soziale Rolle zu festigen, u. a. um das starke Bedürfnis der Zugehörigkeit und Anerkennung zu befriedigen. Gelingt es den Heranwachsenden, diese Erfahrungen in ihren Lebenskontext zu integrieren, resultiert daraus ein differenziertes Verhältnis zum eigenen Selbst – Identität wird konstruiert. Wird diese Integration jedoch gestört, z. B. durch vermehrte soziale Ablehnung, kann dies eine Beeinträchtigung für die Prozesse der Identitätsbildung bedeuten und damit eine

Identitätsdiffusion initiieren. Identität ist nach Erikson als Prozess konzipiert und dementsprechend veränderbar. (Vgl. ebd.: 106–117)

Als weitere klassische Schlüsselwerke der Identitätsforschung lassen sich u. a. Sigmund Freuds Strukturmodell in „Das Ich und das Es", Jaques Lacans „Das Spiegelstadium als Bildner der Ichfunktion", Ervin Goffmans „Stigma. Über Techniken der Bewältigung beschädigter Identität", Jürgen Habermas' „Identität, Kommunikation und Moral" oder Talcott Parsons Persönlichkeitstheorie nennen (siehe Jörissen/Zirfas 2010).

Der Eingang in die Postmoderne lässt sich auf den französischen Philosophen Jean-François Lyotard (1924–1998) zu Beginn der 1980er Jahre zurückführen (siehe Lyotard 1999). Ob und zu welchem Zeitpunkt von einem Ende der Postmoderne auszugehen ist oder ob gegenwärtig nach wie vor von einer Postmoderne gesprochen werden kann, ist in wissenschaftlichen Diskursen umstritten und lässt deshalb auch keine genaue Fassung des Begriffes der Postmoderne zu. Grundlegend ist anzunehmen, dass die Postmoderne einerseits als soziologischer Epochenbegriff, der eine spezifische Gesellschaftsformation meint, und andererseits als wissenschaftliche, erkenntnistheoretische und vor allem gesellschaftskritische Denkbewegung verstanden werden kann. Wenn von Postmoderne als Epochenbegriff ausgegangen wird, könnte tatsächlich von einer postmodernen Gegenwart (Globalisierung, Macht der Finanzmärkte, Wissensgesellschaft etc.) vor dem Hintergrund gesellschaftlicher Veränderungen nach der Moderne (Industrialisierung, Individualisierung etc.) gesprochen werden. (Siehe u. a. Baudrillard 1981) Von größerer Bedeutung für die Identitätsforschung erscheint die Postmoderne jedoch als kritische Denkbewegung gegen moderne Grundannahmen. An dieser Stelle richten sich postmoderne Denkansätze gegen die Erzählungen von „Aufklärung", „Vernunft" oder „Fortschritt" sowie gegen moderne Universalisierungen (bei gleichzeitiger globaler Ungleichheit) und plädieren stattdessen für das Partikulare, Vielfalt und Heterogenität. (Siehe u. a. Bauman/Ahrens 1994)

Die zuvor angenommene konsistente und statische Erscheinung von Identität löst sich mit der Annahme von Veränderbarkeit zunehmend auf und wird mit den Perspektiven der Postmoderne als ein nicht abschließbarer Prozess, in welchem sich das Individuum in ständiger Auseinandersetzung mit der Umwelt befindet, beschrieben (vgl. Kammerl 2017: 38 f.). Seit dem Eingang in die Postmoderne wird Identität nicht mehr als ein homogener Entwurf aufgefasst, vielmehr ist die Rede von multiplen, pluralen Subjekten, die sich aus verschiedenen Teilidentitäten zusammensetzen. Seither werden in wissenschaftlichen Diskursen besonders identitätsrelevante Auswirkungen gesellschaftlicher Prozesse der Enttraditionalisierung und Individualisierung hin zu einer Multioptionsgesellschaft zunehmend thematisiert. (Siehe u. a. Lyotard 1999; und in Folge u. a. Keupp 1999) Entgrenzungsprozesse können Unsicherheiten für das Subjekt mit sich bringen. Individualisierung meint nach Ulrich Beck (1993: 150) deshalb „[...] erstens die Auflösung und zweitens die Ablösung industriegesellschaftlicher Lebensformen durch andere, in denen die einzelnen ihre Biographie selbst herstellen, inszenieren, zusammenflickschustern müssen." Die Soziologen Beck und Anthony Giddens sprechen im Kontext jener krisenhaften Umbruchssituationen von einer „zweiten" oder auch „reflexiven" Moderne (siehe Beck et al. 2014).

Neben den Herausforderungen, die sich aus der zunehmenden Auflösung traditionell verfestigter Lebensformen und eingespurter Biografien für das Subjekt ergeben, eröffnet diese jedoch gleichzeitig neue Freiheiten und Wahlmöglichkeiten für die Lebensgestaltung des Individuums. Ein Risiko kann die zunehmende Offenheit der Lebensgestaltung für das Subjekt darstellen: Entscheidungen wie z. B. die Berufswahl werden nicht mehr durch Aspekte der Herkunft geregelt, sondern unterliegen der jeweiligen Eigenverantwortung. Dies kann vor dem Hintergrund der Vielfalt an Optionen, insbesondere während der Phase der Adoleszenz, die maßgeblich von Identitätsbildungsprozessen und Entscheidungen geprägt ist, zur Überforderung und Belastung der Individuen führen. Gleichzeitig hält die Auflösung gesellschaftlicher Erwartungen – etwa an zeitlich festgelegte Abläufe des Lebens, Bildungs- und Berufsorientierungen oder Gender-Rollen – weitaus mehr Interpretationsmöglichkeiten und Freiheiten für das Individuum bereit. (Vgl. Süss 2004: 49)

Ganz dem Leitbild des unternehmerischen Selbst entsprechend, ist das Individuum dazu angehalten, sein Leben aktiv und in Eigeninitiative durch eine optimale Organisation zu gestalten (siehe Bröckling 2007).

Nach postmodernem Verständnis erscheint Identität nicht mehr vor dem Hintergrund psychischer Repräsentanz und sozialer Anforderungen, sondern wird in seiner Pluralität im Rahmen verschiedener disziplinärer Ansätze wie der Genderforschung, Cultural Studies, der Medienforschung oder Bildungstheorie thematisiert (vgl. Zirfas 2010: 13).

Dem Psychologen Kenneth J. Gergen nach lässt sich die Postmoderne grundlegend durch das Verschwinden einer individuellen Grundlage der Einzelnen bzw. des Einzelnen kennzeichnen. Die zuvor weitgehend festgelegten sozialen Rollen lösen sich mit dem Umbruch von Moderne zu Postmoderne zunehmend auf und das Individuum ist dazu angehalten, die eigene Identität ständig neu zu formen und an situative Gegebenheiten anzupassen. Das Subjekt wird den zuvor gegebenen traditionellen Sicherheiten und Orientierungen für den Prozess der Identitätsbildung entrissen und muss sich in einer Welt der Vielfalt und der Möglichkeiten zurechtfinden. (Vgl. Gergen/May 1996: 230 f.) Identität wird nach postmoderner Auffassung nicht mehr über eine bestimmte Kernidentität definiert, sondern ist nach Gergen (vgl. ebd.: 246f.) vielmehr als gemischte Persönlichkeit zu verstehen. Gergen (ebd.: 247) beschreibt diese gemischte Persönlichkeit metaphorisch als „[...] ein soziales Chamäleon, das sich fortwährend Teile von Identitäten jeglicher verfügbaren Quellen ausleiht und sie nach Nutzen oder Wunsch für die jeweilige Situation konstruiert." Neben einigen anderen Konzepten der Identität versteht auch Gergens Theorie Identität als Prozess einer narrativen Konstruktion. Identitätsbildung durch Narration meint grundsätzlich, dass sich das Subjekt durch das Erzählen und Teilen von eigenen, aber auch sekundären Erfahrungen zunehmend über sein Selbst bewusst werden kann und dieses schließlich zu definieren vermag. (Siehe Gergen/Gergen 1997)

Stuart Hall (1994: 66) spricht in seinen Schriften „Rassismus und kulturelle Identität" von Identität als „[...] Schnittpunkt, an dem sich ein Ensemble neuer theoretischer Diskurse überschneidet und ein Ensemble neuer kultureller Praktiken entsteht." Das postmoderne Verständnis von Identität beschreibt er dabei als „[...] die Vorstellung einer kontinuierlichen, sich selbst genügenden, sich entwickelnden und entfaltenden inneren Dialektik des Ich" (ebd.: 67). Identität befindet sich nach Hall in einem ständigen Prozess der Herausbildung. Zugleich beinhalten Identitätskonstruktionen immer Prozesse der Identifikation. Die Struktur der Identifikation konstruiert sich durch Ambivalenzen, die darüber entscheiden, welcher sozialen Gruppe das Subjekt angehörig zu sein hat. Vor dem Hintergrund gesellschaftlicher Wandlungsprozesse ändern sich diese Grenzziehungen jedoch: Was zuvor durch sichtbare Trennlinien eindeutig unterschieden wurde, ist nun auch stets Teil unseres eigenen Selbst. Denn nur durch die Haltungen und Blicke anderer lässt sich nach Hall das eigene Ich erfahren. Identität wird immer aus der Position anderer heraus erzählt. So hat die Vorstellung davon, anhand welcher Merkmale Menschen zu unterscheiden gelten, lediglich einen anderen Ausdruck gefunden. Zudem beschreibt Hall Identität als Narration, als eine Art der Repräsentation. Identität wird darüber konstruiert, was im eigenen Ich durch Narration geltend wird. (Vgl. ebd.: 72-74)

Wie die Mehrheit neuerer Zugänge der Identitätsforschung beschreibt auch der Sozialpsychologe Heiner Keupp Identitätsbildung als prozessualen Verlauf, der sich neben seiner zentralen Bedeutung während der Adoleszenz fortlaufend über den ganzen Lebensverlauf vollstreckt. Identitätsarbeit geschieht in ständiger Verknüpfungsarbeit, bei der das Subjekt sich selbst durch eigene, situationelle Erfahrungen zu begreifen lernt. Nach Keupp ordnet das Subjekt jene Erfahrungen zeitlichen, inhaltlichen sowie lebensweltlichen Dimensionen zu. Zeitliches verknüpft an dieser Stelle Vergangenes mit Gegenwärtigem und Zukünftigem, lebensweltlich meint das Erfahren des eigenen Selbst in verschiedenen Rollen und die inhaltliche Perspektive stellt Verbindungen zwischen Ähnlichkeiten und Unterschieden zwischen Erfahrungen her. (Vgl. Keupp 1999: 190 f.) Ergebnis der Integration jener Erfahrungen stellt das Selbstbild des Subjektes dar, welches durch verschiedene Teilidentitäten strukturiert ist und sich nicht durch eine konsistente Identität kennzeichnen lässt (vgl. ebd.: 218). Keupp (1999) spricht in diesem Kontext vom „Patchwork der Identitäten in der Spätmoderne."

Mit einer anthropologischen und überwiegend phänomenologischen Betrachtung wenden sich die Erziehungswissenschaftler Jörg Zirfas und Benjamin Jörissen von den klassischen Ansätzen des Identitätsbegriffs endgültig ab und bemühen sich deshalb weniger um ein fest umrissenes Bild von Identität, sondern vielmehr um Problematisierungsfelder, die konstitutiv für den Identitätsbegriff angenommen werden müssen. Denn es sind die Schwierigkeiten in diversen Lebenssituationen, die eine Reflexion des Identitätsgedanken notwendig machen. Hierfür soll versucht werden, die Strukturen und Sinndimensionen des Identitätsbegriffs zu eruieren und weniger den Begriff als solchen zu definieren. Nach Zirfas und Jörissen stellt Identität eine performative Konstruktion dar, welche einer ständigen Überarbeitung unterliegt und deren Effekte jeweils changieren. Identität wird „performiert" und kann als spezifischer Raum der Selbstvergewisserung, in dem sich Individuen ihrer Handlungen, Traditionen und Ziele versichern, verstanden werden. Identitätsdiskurse lassen sich zudem als Begleiterscheinungen des kulturellen Wandels, der Reaktionen auf mediale und politische Prozesse und als Folge einer Temporalisierung von Lebens- und Sozialformen begreifen. Das Konzept der Identität muss deshalb stets unter Einbeziehung bestehender gesellschaftlicher Gegebenheiten betrachtet werden. Zudem gilt anzumerken, dass das Modell der Identität sich Momente der Macht gegenüber den Subjekten sichert, die dieses permanent begehren, jedoch aufgrund dessen Unschärfe und Ungreifbarkeit nie vollends erreichen können. (Vgl. Zirfas/Jörissen 2007: 11-17) Mit der Diskussion jener Machtdiskurse wird sich diese Arbeit im späteren Verlauf noch tiefer auseinandersetzen.

Als weitere Autoren, die sich seit dem Eingang der Postmoderne mit der Konzeptualisierung von Identität auseinandergesetzt haben, können u. a. Jacques Derrida, Michel Foucault, Wolfgang Welsch, Homi K. Bhaba oder Judith Butler genannt werden (vgl. Zirfas 2010: 12 f.).

Die verschiedenen Zugänge der Identitätsforschung zeigen, dass der Begriff Identität in seiner Konzeption sehr unterschiedlich aufgefasst und dargestellt werden kann. Diese Veränderbarkeit unterliegt vor allem zeitlich bedingten, gesellschaftlichen Wandlungsprozessen sowie kulturellen Gegebenheiten. Aus diesem Grund sollten Identitätsbildungsprozesse stets unter den genannten Kriterien betrachtet werden, während zugleich von einer endgültigen, universellen Definition des Identitätsbegriffes abgesehen werden sollte.

Welcher Raum bietet sich für jene Identitätsbildungsprozesse in der Phase der Adoleszenz? Identitätsräume sind als Räume der Präsentation und (Re-)Produktion von Subjekten zu verstehen, die durch verschiedene Grenzziehungen eingerahmt werden. Vermeintlich biologische Grenzen wie Körperlichkeit und Sexualität, aber auch geografische Herkunftslinien können gesellschaftliche Identitätsvorstellungen maßgeblich bestimmen. Jene sozial konstruierten Identitätsvorstellungen stellen sich als machtvolle Diskurse – wie um Gender oder Ethnie – in Gesellschaften dar. Medien lassen sich als zentrale Vermittler dieser Diskurse annehmen: Sie (re-)produzieren diese, stabilisieren deren wirkmächtige Präsentation und produzieren und reflektieren gleichzeitig die Veränderung jener Räume, deren Grenzverschiebungen und wandelnde Identitätskonzepte. (Vgl. Hipfl et al. 2004: 9 f.) Im Prozess der Identitätsbildung bietet die soziale Umwelt eine wichtige Orientierung für Heranwachsende. Neben traditionellen Sozialisationsinstanzen wie der Familie, den Peer-Groups oder der Schule bieten Medien als vierte Sozialisationsinstanz Raum für Identitätsbildung. (Vgl. Schorb 2006: 149)

Die Grenzen zwischen den Sozialisationsinstanzen lassen sich nicht eindeutig bestimmen, vielmehr durchdringen sich diese gegenseitig. Vor dem Hintergrund mediatisierter Alltagswelten ist zu beobachten, dass vor allem Medien mit anderen Sozialisationsinstanzen einhergehen bzw. diese begleiten und damit Sozialisationsprozesse Heranwachsender bedeutend mitgestalten. So sind z. B. Kommunikations- und Handlungspraktiken innerhalb der Peer-Groups vielfältig mit medialen Angeboten verknüpft. Zwischen jenen realweltlichen und virtuellen Räumen findet keine direkte Trennung statt, stattdessen werden diese aktiv miteinander vernetzt und gehen ineinander über – es lässt sich von hybriden Räumen sprechen. (Vgl. Theunert/Schorb 2010: 247 f.)

## 3 Medien und Sozialisation

Im Folgenden sollen zunächst die grundlegenden Begriffe „Medien" und „Sozialisation" vorgestellt werden, um anschließend das Feld der Mediensozialisation näher zu betrachten. Hierfür werden verschiedene Zugänge untersucht, unter besonderem Fokus auf den Gegenstand der Kultur.

Vorweg gilt es zu erwähnen, dass Medien in der Fachliteratur wie auch in der Öffentlichkeit kontroversen Diskursen unterliegen. Grundlegend können an dieser Stelle drei normative Haltungen gegenüber Medien unterschieden werden: der Kulturpessimismus, die euphorische Medienpromotion und der kritische Medienoptimismus. Der Kulturpessimismus beschäftigt sich überwiegend mit den möglichen Risiken und negativen Einflüssen von Medien. Dementgegen thematisiert die euphorische Medienpromotion vor allem die Ressourcen, die Medien bieten können. Als neutrale Position lässt sich der kritische Medienoptimismus begreifen – dieser betrachtet Medien als festen Bestandteil der Kultur und erklärt den Umgang mit Medien zur Kulturtechnik. (Vgl. Süss 2004: 15–17) Die vorliegende Arbeit versucht, sich in dieser Frage möglichst neutral zu positionieren, um einen kritischen Blick auf die einzelnen Aspekte werfen zu können.

Unter Medien (lat. „medium" = „das Mittlere", „Mittel", „Vermittler") lässt sich zunächst ein „[...] vielfältig auch im Alltag verwendeter Begriff für die Kommunikationsmedien, insbesondere Sammelbegriff für die verschiedenen aktuellen Massenmedien" verstehen (Bentele et al. 2013: 201). Dieser findet in verschiedenen interdisziplinären Diskursen wie beispielsweise in der Medienpädagogik oder der Medien- und Kommunikationswissenschaft vielfältige Anwendung. Medien können in ihrer Erscheinungsform unterschiedlich eingeteilt werden, z. B. nach ihrer technisch-materiellen Form (Schreib-, Druck- bzw. Print-, Funk-, Bild-Medien oder elektronische Medien sowie Netzmedien). (Vgl. ebd. f.)

Der Begriff der Sozialisation bezeichnet nach Hurrelmann (2018: 15)

> „[...] die Persönlichkeitsentwicklung als eine ständige Interaktion zwischen individueller Entwicklung und den umgebenden sozialen Strukturen, wobei diese Interaktionserfahrungen aktiv und produktiv verarbeitet und sowohl mit den inneren körperlichen und psychischen als auch mit den äußeren sozialen und physischen Gegebenheiten permanent austariert werden."

Sozialisation erfolgt demzufolge als eine aktive Auseinandersetzung und Mitgestaltung des Individuums mit bzw. an der Umwelt. Sozialisationsprozesse sind dabei nicht direkt auf altersspezifische Phasen beschränkt, sondern können sich über den gesamten Lebensverlauf erstrecken. Nichtsdestotrotz lassen sich Sozialisationsprozesse besonders häufig in den Phasen der Kindheit und Jugend beobachten. (Vgl. Süss et al. 2018: 19)

Vor dem Hintergrund einer Mediatisierung der Alltagswelt (siehe u. a. Hartmann/Hepp 2010) nehmen Medien einen besonderen Stellenwert als sozialisierende Instanz für Heranwachsende ein. Mediatisierung (oder Medialisierung) beschreibt „[...] allgemein Veränderungen, die durch Medien und ihre Logiken in anderen gesellschaftlichen Teilbereichen oder kulturellen Lebenswelten ausgelöst oder befördert werden" (Bentele et al. 2013: 200).

In diesem Zusammenhang umfasst der Begriff der Mediensozialisation all jene Aspekte, die für die psychosoziale Entwicklung in der Phase der Adoleszenz von Bedeutung sind (vgl. Süss et al. 2018: 19).

Der Medienpsychologe Daniel Süss und die Publizistik- und Kommunikationswissenschaftlerin Eveline Hipeli betrachten Medien als erweiterte, soziale Handlungsräume, in welchen Heranwachsende Identität(en) erproben und erarbeiten können. Die Phase der Adoleszenz kennzeichnet sich insbesondere durch den Umbau sozialer Beziehungen – der Ablösung von den Eltern, der Betreuungsperson oder den Betreuungspersonen und der Zuwendung zu Gleichaltrigen, den Peer-Groups. Der Kontakt zu den Peers wird neben realweltlichen Interaktionen auch über mediale Interaktionen gepflegt sowie gestaltet. Das Erschließen gesellschaftlicher Handlungsspielräume durch Mediennutzung kann den Jugendlichen im Sozialisationsprozess verschiedene Möglichkeiten eröffnen, zugleich aber auch Probleme mit sich bringen. (Vgl. Süss/Hipeli 2010: 142–148)

Anhand einer Langzeitstudie zur Rolle von Medien in der Sozialisation sozial benachteiligter Heranwachsender plädiert die Soziologin und Kommunikationswissenschaftlerin Ingrid Paus-Hasebrink für ein Verständnis von Medien, das diese nicht isoliert als Ursache oder Auslöser für „gescheiterte" Sozialisationsprozesse begreift, sondern stets die gesamte lebensweltliche Situation betrachtet und miteinbezieht (siehe Paus-Hasebrink et al. 2017).

Der Erziehungswissenschaftler und Medienpädagoge Ben Bachmair (2010: 67) beschreibt Sozialisation als „[...] die nachhaltige und typische Persönlichkeitsentwicklung in Gesellschaften." Welche Sozialisationsformen an dieser Stelle einzubeziehen sind, muss in Abhängigkeit davon geschehen, welche dieser Formen sich vor spezifischem historischem bzw. kulturellem Hintergrund als wesentlich für die Persönlichkeitsentwicklung ergeben. Neben dieser Betrachtung von wirkmächtigen Formen der Sozialisation ist für Bachmair vor allem der gesellschaftliche Ort, an welchem sich Mediensozialisation überhaupt ereignet – für unsere (westliche) Gesellschaft ist das Alltagsleben gemeint –, von besonderem Forschungsinteresse. Kultur bildet sich nach Bachmair durch individuelle und kollektive Gestaltungsprozesse heraus, die wiederum kulturelle Produkte oder Objektivationen wie z. B. bestimmte Institutionen hervorbringen. Menschen konstruieren sich demnach durch das Herstellen bestimmter, kulturell geltender Werte und Normen eine eigene Wirklichkeit. Mitglieder einer Gesellschaft sind dazu angehalten, sich an jenen vorgegebenen Mustern und Regeln dieser sozial konstruierten Wirklichkeit zu orientieren und das Leben entsprechend zu gestalten. Medien können an dieser Stelle als selbst produzierendes und gleichzeitig vermittelndes sowie stabilisierendes Feld sozial konstruierter Wirklichkeit verstanden werden. So lässt sich auch für eine bestimmte Medienkultur eine bestimmte Art von Persönlichkeit bzw. Subjektivität als „typisch" annehmen. Diese bildet sich mehr oder weniger durch die Mediensozialisation heraus. (Vgl. ebd.: 67–69)

In Anlehnung an diese Erkenntnisse beschäftigt sich die Mediensozialisationsforschung u. a. „[…] mit dem Verhältnis der Menschen als Subjekt zu ihrer gesellschaftlich konstruierten Wirklichkeit" (ebd.: 69). Deutschsprachige Diskurse sprechen in diesem Kontext von wissenschaftlichen Darstellungen wie dem Aufwachsen in Medienwelten (siehe u. a. Schmidt et al. 2011). In Folge gesellschaftlicher Wandlungsprozesse lässt sich nicht mehr das Generationenverhältnis, sondern primär der Wandel – also das Vermögen über Anpassungs- und Adaptionsstrategien in Bezug auf gesellschaftlich changierende Felder – als wesentlich für Sozialisationsprozesse annehmen. Medien müssen als ein fester Bestandteil unserer (westlichen) Kultur sowie des gesellschaftlichen Alltaglebens verstanden werden und sind gleichzeitig – oder vielmehr aufgrund dieser Verbindung – in viele Prozesse der Sozialisation eingebettet. (Vgl. Bachmair 2010: 69–71)

Anknüpfend an jene Auffassung von Kultur, die mit allen sozialen Praktiken einer Gesellschaft verwoben ist und sich gleichzeitig durch diese hervorbringt, lässt sich Mediensozialisation nach der Kultur- und Medienwissenschaftlerin Brigitte Hipfl (2010: 85) als ein „[…] Prozess […], in dem die in den medialen Repräsentationen bereit gestellten Subjektpositionen von den jeweils gesellschaftlich situierten Mediennutzern und Mediennutzerinnen übernommen bzw. ausgehandelt und damit zur Grundlage des immer wieder herzustellenden Ich- und Wir-Gefühls werden", verstehen.

Den Cultural Studies zufolge sind es vor allem die strukturellen Bedingungen einer Kultur und die hiermit verbundenen Diskurse um Macht und Ideologie, die es zu erfassen gilt, da Vorstellungen über die eigene Subjektivität nie in völliger Freiheit konstituiert werden können, sondern immer in Abhängigkeit zu den spezifischen Verhältnissen einer Kultur gebildet werden (vgl. Hall 1999: 129). Erfahrung lässt sich infolgedessen nicht als „gelebte" Kultur verstehen, „[...] da die jeweiligen Verhältnisse schließlich erst innerhalb der und durch die Kategorien, Klassifizierungen und grundlegenden Strukturen einer Kultur ›gelebt‹ und erfahren werden könnten" (ebd.: 127). Kultur kann insofern als ein Raum „[...] in dem Macht produziert und um sie gerungen wird [...]" gedacht werden (Grossberg 1999: 48). Um sich dem Feld der Mediensozialisation anzunehmen, interessieren nach Hipfl vor allem Medieninhalte sowie Aspekte der Identität und des Konsums. Anhand dieser Momente ergeben sich für die Mediensozialisation zwei zentrale Dimensionen: Zum einen das Angebot, welches Medien zur Verfügung stellen, und zum anderen, wie dieses Angebot von den Menschen angenommen wird. Mediale Repräsentationen sollen anhand ihrer Bedeutungskonstruktion durch die verwendeten symbolischen Formen analysiert werden. Diese erscheinen deshalb von besonderem Interesse, weil sie subjektive Formen verkörpern. Subjektive Formen enthalten stets bestimmte Rollen- oder Positionszuweisungen durch spezifische Narrations- oder Darstellungsweisen, Diskurse, Kategorien oder Bilder. (Vgl. Hipfl 2010: 89 f.)

Judith Butler spricht in diesem Kontext (in Anlehnung an Louis Althusser) von „Anrufungen" – Rezipientinnen und Rezipienten werden dazu angerufen, bestimmte Rollen- oder Positionszuschreibungen einzunehmen (siehe u. a. Butler 2018).

An dieser Stelle gilt es zu betonen, dass die Rezipientinnen und Rezipienten medialen Inhalten bereits als gesellschaftlich und kulturell geprägte Subjekte begegnen – es ist daher nicht davon die Rede, dass diese Rollen- oder Positionsvorstellungen direkt von den Rezipientinnen und Rezipienten übernommen werden. Machtdiskurse nehmen diesbezüglich auch im Bereich der Medien einen bedeutsamen Stellenwert ein – spezifische Vorstellungen von Subjektivität finden in Medien Raum für ihre Produktion und Reproduktion. (Vgl. Hipfl 2010: 89 f.)

Die dargestellten Betrachtungsweisen von Mediensozialisation zeigen, dass Medien hinsichtlich ihrer Omnipräsenz als fester Bestandteil unserer (westlichen) Kultur anzunehmen sind. Medien begleiten Heranwachsende in ihrem Alltag kontinuierlich, während sie in die Organisation vieler weiterer Instanzen der Sozialisation wie z. B. der Schule oder der Peers eingebettet sind. Sozialisationsprozesse von Heranwachsenden werden insofern bedeutend durch Medien mitgestaltet.

Wie aus den Zugängen der Mediensozialisation in Hinblick auf den Gegenstand der Kultur ersichtlich wird, stellen Menschen durch die für eine bestimmte Kultur „typischen" Lebensweisen ihre eigene soziale Wirklichkeit her. Diese hält sich u. a. aufrecht durch bestimmte, kulturell vorherrschende Normen und Werte, an welchen sich gesellschaftliche Mitglieder orientieren, um Zugehörigkeit und Anerkennung zu erfahren. Infolgedessen lässt sich für jede Kultur eine bestimmte Art von Persönlichkeit bzw. Subjektivität als „typisch" wahrnehmen. Um dieses gesellschaftlich und kulturell geprägte Verhältnis von Subjekt und Umwelt besser zu erfassen, soll im folgenden Kapitel eine tiefere Auseinandersetzung mit ausgewählten Subjektivitätstheorien des 21. Jahrhunderts stattfinden.

## 3.1 Theorien zur Subjektivität im 21. Jhdt.

Das Konzept der Subjektivierung findet seinen Ursprung in den poststrukturalistischen Theorien, welche sich im Bereich der Sozial- und Kulturwissenschaften seit den 1970er Jahren entwickelt haben (vgl. Reckwitz 2017: 125). Als wichtige Impulse hierfür lassen sich u. a. die Arbeiten von Michel Foucault (1926–1984) und Judith Butler aufführen. Da die Subjektivitätstheorien des 21. Jahrhunderts fortwährend an jene Grundannahmen anknüpfend aufbauen und deshalb nach wie vor einen bedeutsamen Stellenwert einnehmen – sollen diese im Folgenden zusammenfassend vorangestellt werden. Die zusammenfassende Vorstellung der Überlegungen von Foucault und Butler zur Konzeption des Subjekts basiert auf den Ausführungen von Andreas Reckwitz, da eine Ausarbeitung aller in diesem Zusammenhang relevanten Werke den Umfang der vorliegenden Arbeit sprengen würde. Gleichzeitig kann so eine tiefere Verbindung zwischen den Impulsen von Foucault sowie Butler und den Denkansätzen zur Subjektanalyse (des 21. Jahrhunderts) von Reckwitz – die im Anschluss vorgestellt wird – geschaffen werden. Zudem wird davon abgesehen, einen unmittelbaren Bezug jener „traditionellen" Subjektivitätstheorien zum Feld der Medien herzustellen, da neben bestehenden Machtdiskursen gegenwärtig u. a. auch ökonomische, politische und Konzerninteressen von Bedeutung sind. In diesem Sinne werden neben Reckwitz weitere ausgewählte Subjektivitätstheorien des 21. Jahrhunderts unter zunehmendem Einbezug medialer Konstellationen betrachtet. Erst auf dieser Grundlage soll schließlich eine ausführliche

Bearbeitung jener Auswirkungen von Subjektivierungsmechanismen, die sich für Jugendliche innerhalb ausgewählter Social-Media-Formate im Prozess der Identitätsbildung ergeben können, erfolgen (siehe Kapitel 4.2).

Um sich dem Konzept des Subjektes anzunehmen, soll dieses zunächst von verwandten, traditionellen Begriffen wie solchen der Identität oder des Selbst abgrenzt werden. Der Soziologe und Kulturwissenschaftler Andreas Reckwitz (2012: 17) differenziert diese wie folgt:

> „Wenn mit dem Subjekt die gesamte kulturelle Form gemeint ist, in welcher der Einzelne als körperlich-geistig-affektive Instanz in bestimmten Praktiken und Diskursen zu einem gesellschaftlichen Wesen wird, dann bezeichnet die ›Identität‹ einen spezifischen Aspekt dieser Subjektform: die Art und Weise, in der in diese kulturelle Form ein bestimmtes Selbstverstehen, eine Selbstinterpretation eingebaut ist, wobei diese Identität immer direkt oder indirekt mit Markierung von Differenzen zu einem kulturellen Anderen verknüpft ist."

Die Konzeption des Subjekts blickt insofern über die Begriffe der Identität oder des Selbst hinaus und bindet diese zugleich mit ein.

Michel Foucault (2005: 275) definiert den Begriff des Subjekts in seinem Aufsatz „Subjekt und Macht" von 1982 wie folgt: „Das Wort »Subjekt« hat zwei Bedeutungen: Es bezeichnet das Subjekt, das der Herrschaft eines anderen unterworfen ist und in seiner Abhängigkeit steht; und es bezeichnet das Subjekt, das durch Bewusstsein und Selbsterkenntnis an seine eigene Identität gebunden ist." Das Subjekt kann sich nach Foucault insofern nur zu einer autonomen, selbstbestimmten Instanz entwickeln, indem es sich bestimmten, kulturell wirkungsmächtigen Kriterien unterwirft.

In Anlehnung an Reckwitz (2012: 26) lassen sich vier Leitkonzepte in Foucaults Werken, die sich mit der Konzeptualisierung des Subjektes beschäftigen, ausmachen: „[...] die Konzepte des Diskurses, des Dispositivs, der Gouvernementalität und der Technologien des Selbst."

Nach Reckwitz interessieren besonders die Diskursräume und deren Umsetzung in materiale Subjektformungen. So erscheint das Subjekt in Anbetracht der Subjektivierungsweisen anstelle einer geistigen viel mehr als eine technische Angelegenheit. Es sind bestimmte Techniken oder Praktiken, in denen bestimmte Subjektformen immer wieder neu hervorgebracht werden. Jene Techniken oder Praktiken sind wiederum mit bestimmten Diskursen verbunden, die klassifizierend wirken:

Nach welchen Kriterien werden Subjekte überhaupt vorgestellt, unterschieden und entsprechend produziert? (Vgl. ebd.: 24 f.)

In diesem Sinne beschreibt ein Diskurs, so Foucault (1973: 82), ein „[...] Feld von Regelmäßigkeit für verschiedene Positionen der Subjektivität [...]". Diskurse können folglich als kulturelle Orte der Klassifikation verstanden werden, die bestimmte Subjektpositionen hervorbringen. Diskurse lassen sich als Praktiken, "[...] die systematisch die Gegenstände bilden, von denen sie sprechen" verstehen (ebd.: 74).

Foucault fordert dazu auf, jene Diskurse zu verfolgen, die vor dem Hintergrund der Gesamtheit historischer Ereignisse bestimmte Subjektpositionen auf besondere Weise bestimmen, klassifizieren und dadurch diskursiv hervorbringen (vgl. Reckwitz 2012: 26). Zudem fokussiert sich Foucault in seinen Arbeiten auf die Differenzmarkierungen, mit welchen sich eine Wissensordnung beschäftigt. Welchen Subjektformen werden innerhalb eines Diskurses Legitimität und Intelligibilität abgesprochen und so zum Gegenstand eines Ausschlusses gemacht? Welche Subjektformen werden als „normal" und welche als „anormal" innerhalb dieses Diskurses angenommen? Diesen Fragen wird gerade deshalb besonderes Interesse beigemessen, da sich Diskurse eben aus dem bilden, was sie ausschließen oder als schwierig diskreditieren. (Vgl. ebd.: 28)

Wie legitimiert sich jedoch ein solcher Diskurs? Auf welche Autoritäten wird sich berufen? Wie begründen sich die Grundlagen des legitimen Aussagens über (Anti-)Subjekte? Mit dem Begriff des Dispositiv, der Gesamtheit an Diskursen, Praktiken und Institutionen, versucht Foucault, jene Elemente, die für das Hervorbringen bestimmter Subjektformen konstituierend wirken, sowie ihr Zusammenwirken näher zu betrachten. Das Ensemble der Gesamtheit jener Bestandteile eines Dispositivs bietet folglich Raum für eine spezifische Untersuchung von Subjektivierungsprozessen. (Vgl. ebd.: 28-33)

In einem späteren, spezifischeren Modell von Subjektivierung, der Gouvernementalität, begreift Foucault das moderne Subjekt als Ergebnis von bestimmten Disziplinierungsprozessen (vgl. ebd.: 33). Gouvernementalität umfasst nach Foucault (2004: 261) „[...] die Art und Weise, mit der man das Verhalten der Menschen steuert [...]". Als Paradigma wird an dieser Stelle auf das Panoptikum von Jeremy Bentham verwiesen – das Baukonzept eines Gefängnisses, das durch sein asymmetrisches Blickregime dem Subjekt das Gefühl ständiger Überwachung vermittelt, sodass bei Verzicht auf eine tatsächliche Beobachtung die Wirkung dennoch dieselbe darstellt (vgl. Reckwitz 2012: 33).

Als letztes wirkungsmächtiges Konzept für die Subjektanalyse führt Reckwitz die „Technologien des Selbst" von Foucault auf. Dieses Konzept untersucht, wie sich subjektive Selbstverständnisse und -interpretationen unter bestimmten technologischen sowie diskursiven Bedingungen herausbilden und wie bestimmte Praktiken dafür verwendet werden, das Subjekt in seinem Selbstverstehen umzuformen bzw. wie es sich darin selbst umformt. Folglich gilt es zu erfassen, auf welche Art und Weise kulturelle Kontexte das Subjekt anleiten, ein bestimmtes Verhältnis zu sich selbst einzunehmen. (Vgl. ebd.: 37 f.)

Judith Butler greift mit ihren Arbeiten „Das Unbehagen der Geschlechter" (1990), „Körper und Gewicht" (1993) und „Psyche der Macht" (1997) Foucaults These der Ambivalenz von Macht als Unterwerfung und gleichzeitiger Erzeugung des Subjekts vertiefend auf. Hierzu denkt Butler die Theorie der Macht zusammen mit einer Theorie der Psyche (vgl. Butler 2001: 8).

Neben diesen Elementen der Psychoanalyse lassen sich Butlers Arbeiten außerdem durch Elemente der Sprechakttheorie und der Dekonstruktion „festgelegter" Geschlechteridentitäten kennzeichnen. Von besonderem Interesse erscheint das Konzept der „Performativität". Um die Konzeption des Subjekts zu fassen und rekonstruieren zu können, müssen – neben der diskursiven Konstitution des Subjekts – zunächst die kontinuierliche performative Selbstarbeit und Selbstpräsentation des Subjekts analysiert werden. Außerdem vertritt Butler die Annahme, dass erst in der Wiederholung spezifischer körperlicher Akte Subjekte in bestimmter Form geschaffen werden. Diese können z. B. innerhalb von Körperlichkeit, Bewegung, Sprache, Kleidung oder sexuellem Interesse Ausdruck finden. Das Subjekt kann insofern, so Butler, als diskursiv regulierte Performativität verstanden werden – als seine eigene Inszenierung. Nach dem Konzept der Materialisierung setzen diskursive Regulierung und Performativität nicht an einer vorkonstituierten Materialität an, vielmehr bildet sich ein Körper in einem kontinuierlichen, selbstbildenden und performativen Prozess heraus. Anstatt Geschlechter-, Klassen- und Rassenordnungen als gegeben anzunehmen, werden diese vielmehr als ein doing gender/class/race gedacht. So wird auch das Subjekt als doing subject verstanden und untersucht. Die Geschlechterordnung stellt nach Butler ein soziokulturelles Konstrukt dar, das von Menschen geschaffen wurde und infolgedessen auch als veränderbar anzunehmen ist. Dieses heteronormative Konstrukt, das eine Einteilung in "männlich" und „weiblich" vorsieht, stabilisiert jedoch – durch wiederholende geschlechtsdifferenzierende Zuschreibungen sowie durch die Reproduktion von Geschlechterrollen im Alltag – gesellschaftliche Konventionen und setzt diese fort. In Anlehnung an Althusser (1970) spricht Butler in diesem Kontext von der Konstitution des Subjekts durch kulturelle Anrufungen (z. B. als „männlich" oder „weiblich") innerhalb einer bestimmten diskursiven Ordnung. Die Vorstellung über bestimmte Geschlechtsmerkmale als „naturgegeben" lässt sich insofern als ungültig bewerten. Butler empfiehlt (in Anlehnung an Jacques Derrida), festgelegte Geschlechteridentitäten zu dekonstruieren, polare Gegensätze in Bewegung zu bringen und aufzulösen. (Vgl. Reckwitz 2012: 81-95)

Reckwitz spricht in seinem Werk „Subjekt" (2008) bewusst von Subjektanalysen, nicht von einer Theorie des Subjekts. Das Subjekt als Schlüsselkonzept des 21. Jahrhunderts lässt sich nach Reckwitz als sensitizing instrument denken: als ein modifizierbares, pragmatisches Werkzeug für inhaltliche Analysen, nicht als eine endgültige Theorie. (Vgl. ebd.: 10 f.)

Ziel der kulturwissenschaftlichen Subjektanalyse ist es, ersichtlich zu machen, welche spezifischen kulturellen Formen die Einzelne oder der Einzelne in einem bestimmten sozialen und historischen Kontext nach Prozessen der Subjektivierung (auch Subjektivation) übernimmt, um möglichst jenem Konzept des Menschen zu entsprechen, das die jeweiligen herrschenden gesellschaftlichen Ordnungen erfordern (vgl. ebd.: 9 f.).

Subjektivierung meint nach Reckwitz (2017: 125) „[...] den permanenten Prozess, in dem Gesellschaften und Kulturen die Individuen in Subjekte umformen, sie damit zu gesellschaftlich zurechenbaren, auf ihre Weise kompetenten, mit bestimmten Wünschen und Wissensformen ausgestatteten Wesen ‚machen': das doing subjects." Das Subjekt darf demzufolge nicht als bereits „vorhanden" verstanden werden, sondern muss immer im Prozess kontinuierlicher kultureller Produktion betrachtet werden (vgl. Reckwitz 2012: 10).

Nach Reckwitz kennzeichnet sich der Begriff der Subjektivierung durch drei wesentliche Zusammenhänge. Der erste Zusammenhang meint die subjektiv wirkende Gesellschaftlichkeit, welche sich als ein mächtiges Netzwerk von Diskursen und Praktiken darstellt. Dieses umfasst kulturelle Wissensordnungen, die sich als Klassifikationssysteme für das Subjekt äußern, um in Kontinuität „passende" Subjekte zu schaffen – sowohl Diskurse als auch Praktiken wirken an dieser Stelle subjektivierend. Als zweiter Zusammenhang wird die Prozesshaftigkeit des doing subject genannt: Bestehende stabile Subjektordnungen halten sich durch ständige Wiederholung und Reproduktion aufrecht, enthalten aber zugleich die Möglichkeit der Umorientierung und Neuentwicklung. Der dritte Zusammenhang beinhaltet die Annahme des Subjektivierungskonzeptes, dass diese kulturellen Wissensordnungen bereits in den Subjektpositionen inkorporiert sind und sich aufgrund dieser Verbindung u. a. durch das Beobachten körperlicher Performanz sowie affektiver Erregungszustände erfassen lassen. (Vgl. Reckwitz 2017: 126 f.)

Die Subjektanalyse konzentriert sich also auf jene Diskurse, in denen Subjektformen unterschiedliche Darstellungen finden, und versucht gleichzeitig, alltägliche soziale Verhaltensweisen in ihrer subjektivierenden Wirkung zu dechiffrieren. Insofern lassen sich Diskurse sowie soziale Praktiken immer (auch) als Subjektivierungsprozesse beschreiben. Subjektformen wie z. B. die bürgerliche Leserin bzw. der bürgerliche Leser oder die spätmoderne Internetnutzerin bzw. der spätmoderne Internetnutzer lassen sich infolgedessen als Gegenstand der Subjektanalyse festmachen. (Vgl. Reckwitz 2012: 10) Diese stellen „[...] kulturelle Typisierungen, Anforderungskataloge und zugleich Muster des Erstrebenswerten [...]" dar (ebd.: 140). Subjektkulturen umfassen hingegen jene Diskurse und Praktiken, innerhalb derer sich Subjektformen konstituieren. Die Zuordnung von Personen anhand spezifischer Merkmale wie Geschlecht, Ethnizität oder sozialer Herkunft zu bestimmten Gruppen beschreibt ganze Subjektordnungen. (Vgl. ebd.: 10)

Für gesellschaftliche Orte, an welchen sich Subjektformen auffinden lassen und durch Praktiken der Reproduktion, Implementierung etc. zu relativ beständigen Subjektkulturen ausbilden können, lassen sich grundlegend drei verschiedene Verteilungsmuster zeit- und raumbezogener sozialer Formen ausmachen: die sozialfunktionale Differenzierung der Gesellschaft in bestimmte Teilsysteme, die vertikale Gliederung der Gesellschaft in Ungleichheitsstrukturen und soziale Klassen und die spezifische Gliederung in technisch-materiale Strukturen (vgl. Reckwitz 2006: 50).

Das Subjekt lässt sich in seiner begrifflichen sowie inhaltlichen Bedeutung doppeldeutig interpretieren: Einerseits präsentiert sich das Subjekt (gegenüber dem Objekt) als selbstbestimmte, agierende Instanz, verkörpert aber andererseits als das „subiectum" (lat.) das Unterlegene. Gegenwärtige Subjektanalysen deuten diese Gegensätzlichkeit dadurch, dass sich das Subjekt kulturellen Kriterien wie Selbstbestimmtheit, Autonomie oder Selbstverwirklichung unterwirft und damit selbst zu einer vermeintlich selbstbestimmten, autonomen und sich selbstverwirklichenden Instanz wird. (Vgl. Reckwitz 2012: 13 f.)

Dem Erziehungswissenschaftler und Medienpädagogen Rudolf Kammerl zufolge trägt die Medienpädagogik mehr oder weniger indirekt zu einem Bild bei, welches sich an Subjektkonzeptionen der Vergangenheit bedient, ohne sich mit diesen kritisch auseinanderzusetzen, oder gar mit entsprechenden Begriffen im öffentlichen Diskurs operiert, ohne dass diese eine nähere theoretische Bestimmung erfahren. So wird das Subjekt in der medienpädagogischen Theoriebildung – in Anlehnung an die Aufklärung – als selbstbestimmt und verantwortlich handelnd verortet. Diesbezüglich plädiert Kammerl für eine reflexive Selbstvergewisserung dieses Subjektkonzeptes und diskutiert hierfür verschiedene theoretische Zugänge des Verhältnisses von Subjekt und Medien. (Vgl. Kammerl 2017: S.30 f.)

Entgegen dieser Konzeption eines selbstbestimmten und verantwortlich handelnden Subjekts lässt sich grundlegend festhalten, dass vor allem Kinder und Jugendliche nicht immer über ein explizites Bewusstsein über die dem eigenen Verhalten zugrundeliegenden Bedürfnisse und Handlungsmuster verfügen. Das Wissen über Interaktionsregeln, eingeschlossen jener Regeln medialer Kommunikation, kann insofern als internalisiert und somit als nicht unmittelbar zugänglich für reflektierendes Denken angenommen werden. Neben jenen individuellen Bedürfnissen müssen zudem auch immer gesellschaftliche Anforderungen Berücksichtigung finden – deshalb erscheint es in Hinblick auf die Mediennutzung von besonderem Interesse, dieses Verhältnis von individuellen und sozialen Bedingungen zu untersuchen. (Vgl. ebd.: 32 f.)

Nach Kammerl (vgl. ebd.: 36) ist folglich ein vertieftes Wissen über Sozialisationsprozesse innerhalb mediatisierter Gesellschaften, die eben nicht zur selbstbestimmten Mediennutzung führen, sondern diese hemmen, notwendig.

Mit dem Eingang in den postmodernen Diskurs erscheint das Konzept eines selbstbestimmten und verantwortlich handelnden Subjekts jedoch zunehmend brüchig. Nicht der Mensch selbst verkörpert sich in der Technik, vielmehr ist davon auszugehen, dass Kommunikations- und Informationstechnologien Menschen zu Subjekten machen, indem mögliche Erfahrungen vorstrukturiert und bestimmte Denkformen geprägt werden. Vor dem Hintergrund der Omnipräsenz von Medien in nahezu allen Lebensbereichen gibt es nach Kammerl keinen Ort mehr, der nicht mit jenen Strukturen von Macht verflochten ist. Das Subjekt bildet sich im Prozess der Subjektivation insofern stets unter jeweils vorherrschenden Machtstrukturen heraus. (Vgl. ebd.: 37)

Nach Jörissen (2014: 12) beschreibt Subjektivation in Bezug auf Medialität „[...] den Umstand, dass formative Prozesse von Individuen sich jeweils in situierten Kontexten ereignen, die durch eine bestimmte Struktur geprägt sind [...]." Selbstbeschreibung und -verortung erfolgt demnach immer in gleichzeitiger Auseinandersetzung mit einem vorherrschenden Weltbild, insoweit sich Menschen in einer angenommenen Ordnung der Dinge positionieren (vgl. Jörissen 2000: 28).

> „Wir haben uns als Knotenpunkt eines Netzes anzusehen, durch dessen Fäden (seien sie materiell oder energetisch) Informationen strömen. In diesen Knoten werden die Informationen gestaut, prozessiert und weitergegeben, aber diese Knoten sind nicht ein Etwas: entknotet man sie (löst man die Relationsfäden, die sie bilden), dann bleibt nichts übrig (wie bei der sprichwörtlichen Zwiebel). Mit anderen Worten: wir haben eine Anthropologie auszuarbeiten, welche den Menschen als eine Verknotung (Krümmung) einiger sich überschneidender Relationsfelder sieht." (Flusser 1989: 52)

In Anlehnung an Vilém Flussers' Zitat soll auf die Theorie der Dividuation der Philosophin und Kulturwissenschaftlerin Michaela Ott verwiesen werden. Diese lässt sich, angesichts ihrer Komplexität, darauf reduzieren, dass sich der Mensch nie nur als Einzelwesen, sondern immer auch in und mit sozialen Verbunden – heute technologisch verknüpften Gemeinschaften – jeweils herausbildet (siehe Ott 2015).

Nach Ott (ebd.: 57) fungiert der Begriff der Dividuation grundsätzlich „[...] zur Bestimmung von Interverhältnissen im Bereich von Ökosystemen ebenso wie zwischen personalen Akteur/innen der sich herausbildenden Wissens- und Weltgesellschaften." Es sollen „[...] ungedachte Verhältnisse des Ineinanders zwischen taxonomisch und diskursiv geschiedenen Größen, zwischen menschlichen Lebewesen, Mikroorganismen und gesellschaftlichen Gefügen und ihren konstitutiven Praktiken herausgestellt werden" (ebd.: 63).

Ott spricht zudem von einer Doppeldeutigkeit der Teilhabe – so erscheint innerhalb einer liberalisierten, westlichen und medial vernetzten Welt alles von der eigenen Entscheidung abhängig zu sein. Lässt sich jene Vielfalt an Wahlmöglichkeiten, die sich dem Individuum in einer globalisierten, westlichen Welt eröffnen, in Anbetracht der (erheblichen) Einflussnahme vorherrschender Diskurspraktiken, Datenbanken, Modalitäten der Sichtbarmachung, Wissensarchive etc. überhaupt noch als „frei" betiteln? In diesem Zusammenhang ließe sich von einer Stilisierung als Regenten der eigenen Lebensführung sprechen. (Vgl. ebd.: 24; siehe auch Bröckling 2007) So muss, in Anlehnung an Foucaults und Deleuzes Vorstellungen zur Kontrollgesellschaft, u. a. auch die strategische Einflussnahme im Sinne von ökonomischen oder politischen Interessen auf die Nutzerinnen und Nutzer in Subjektivierungsprozessen berücksichtigt werden (vgl. Ott 2015: 15 f.).

Die vorangegangene Bearbeitung ausgewählter Subjektivitätstheorien soll an dieser Stelle keine zusammenfassende Darstellung erfahren, da diese im späteren Verlauf der Arbeit erneut – unter engerer Betrachtung ausgewählter, medialer Konstellationen – aufgegriffen wird (siehe Kapitel 4.2).

## 3.2 Social Media als Möglichkeitsraum

Das folgende Kapitel beschäftigt sich zunächst mit der grundlegenden Begrifflichkeit von Social Media. Hierzu soll versucht werden, den Begriff „Social Media" hinsichtlich seiner Funktionen zu definieren, sowie durch eine ausgewählte Klassifizierung seiner verschiedenen Formen einen besseren Überblick zu ermöglichen. Im Anschluss hierzu soll ein Ranking aus dem Jahr 2020 der weltweit größten Social Networks und Messenger-Dienste nach Anzahl der Nutzerinnen und Nutzer aufgeführt werden. Letztlich wird versucht, ein erweitertes Raumverständnis von Social Media zu schaffen, indem herausgearbeitet werden soll, inwiefern dieser Raum technisch „geformt" wird.

Vorab gilt es zu erwähnen, dass für die vorliegende Arbeit ausschließlich auf die Begrifflichkeit von Social Media zurückgegriffen wird, da die Verwendung einer deutschen Übersetzung in „Soziale Medien" als fehlerhaft bemängelt werden könnte. Dies zeigt die englisch–deutsche Übersetzung von „social" in „gesellig" – folglich müsste korrekterweise von „geselligen Medien" gesprochen werden. (Vgl. Langenscheidt Redaktion 2010: 902)

Alternativ zum Begriff „Social Media" findet außerdem der 2005 von Tom O'Reilly eingeführte Begriff des „Web 2.0" im Sprach- und Schreibgebrauch häufig Verwendung. Diesem liegt die Annahme zugrunde, dass neue Geschäftsmodelle, technische Innovationen und gesellschaftlich-kulturelle Veränderungen ein „neues" Netz herbeigeführt hätten. Für die vorliegende Arbeit wird jedoch explizit auf die Verwendung des Social-Media-Begriffes zurückgegriffen, da sich dieser stärker auf die soziale Vernetzung sowie auf die Produktion von Inhalten konzentriert und sich somit gegenwärtig wie auch in Hinblick auf die Bearbeitung dieser Arbeit als treffender erweist. (Vgl. Paus-Hasebrink/Trültzsch 2012: 30)

Dem Medienwissenschaftler Jan-Hinrik Schmidt und der Kommunikations- und Medienwissenschaftlerin Monika Taddicken zufolge (2017: 8) lassen sich Social Media zusammenfassend als „[...] Sammelbegriff für Angebote auf Grundlage digital vernetzter Technologien, die es Menschen ermöglichen, Informationen aller Art zugänglich zu machen und davon ausgehend soziale Beziehungen zu knüpfen und/oder zu pflegen" definieren.

Grundlegend lassen sich also neben der Zugänglichkeit zu medial veröffentlichtem Wissen zwei wesentliche, funktionale Merkmale für Social Media festhalten: Nutzerinnen und Nutzern bietet sich einerseits die Möglichkeit des Veröffentlichens und Bearbeitens von Inhalten, die einer potenziell breiten Masse zugänglich gemacht werden, und andererseits eröffnet sich ein Kommunikations- und Interaktionsraum für Austausch, in welchem neue Kontakte geknüpft und/oder bereits bestehende gepflegt werden können (vgl. Schmidt 2018: 11).

Die verschiedenen Formen von Social Media lassen sich in vier wesentliche Kategorien unterteilen: „[...] Plattformen, Personal Publishing, Instant Messaging/Chat und Wikis [...]" (Schmidt/Taddicken 2017: 9). Diese sollen im Folgenden zusammenfassend nach Schmidt und Taddicken (vgl. 2017: 9–13) vorgestellt werden. An dieser Stelle soll erwähnt sein, dass sich eine systematisch eindeutige Trennung der verschiedenen Kategorien als fast unmöglich darstellen würde, da diese stellenweise ineinander übergehen (z. B. Netzwerkplattformen oder UGC-Plattformen mit Instant-Messaging-/Chat-Diensten). Zudem muss beachtet werden, dass eine Klassifizierung verschiedener Social-Media-Angebote einem kontinuierlichen, zeitlichen Wandel unterliegt und deshalb eine regelmäßige Überarbeitung erfordert. Die vorliegende Unterteilung stellt also lediglich einen Vorschlag dar, der eine bessere Übersicht über Social-Media-Angebote bieten soll, nicht die einzig mögliche und/oder endgültige Kategorisierung. (Vgl. ebd.: 9)

Plattformen lassen sich in (soziale) Netzwerkplattformen bzw. Social Network Sites, Diskussionsplattformen und UGC-Plattformen unterteilen.

(Soziale) Netzwerkplattformen bzw. Social Network Sites kennzeichnen sich durch das Anlegen eines persönlichen Profils nach vorheriger Registrierung, von dem aus neue soziale Kontakte geknüpft und/oder bereits bestehende gepflegt werden können. Die Veröffentlichung von Inhalten unterschiedlicher Art und die interpersonale Kommunikation wird weitgehend über diese Verbindungen strukturiert. Neben verschiedenen, oft an Länder bzw. den Sprachraum gebundenen, Angeboten wie den deutschsprachigen VZ-Netzwerken zählt Facebook als international unangefochtener Marktführer. Lediglich auf spezifische Formen von Beziehungen konzentrierte (soziale) Netzwerkplattformen wie z. B. Xing oder LinkedIn (beruflicher Bereich) oder academia.edu (wissenschaftlicher Bereich) erweisen sich als beständig neben Facebook. (Vgl. ebd. f.) Die Medienwissenschaftlerinnen Danah M. Boyd und Nicole B. Ellison (2007: 211) beschreiben Social Network Sites als " [...] web-based services that allow individuals to (1) construct a public or semi-public profile within a bounded system, (2) articulate a list of other users with whom they share a connection, and (3) view and traverse their list of connections and those made by others within the system."

Diskussionsplattformen (auch Internetforen) stellen sich dagegen als Angebote für Nutzerinnen und Nutzer zu einem thematischen Fokus dar. Betreiberinnen und Betreiber entscheiden darüber, ob auf Inhalte öffentlich zugegriffen werden kann oder ob diese registrierten Mitgliedern vorbehalten sind. Im Gegensatz zu Social Network Sites bildet hier nicht das Profil das Zentrum für kommunikative Prozesse, sondern ein sogenannter „Thread" – eine chronologische Abfolge von Nachrichten zu einer Frage, einem initialen Beitrag oder Ähnlichem. Threads untergliedern sich in der Regel in verschiedene inhaltliche Bereiche, um Orientierung zu schaffen. Diskussionsplattformen können eigenständig bestehen, aber auch innerhalb anderer Websites integriert sein.

UGC-Plattformen („user-generated content") spezialisieren sich dagegen auf das Publizieren bzw. Rezipieren von nutzergenerierten Inhalten. Der kommunikative Fokus liegt dabei auf den veröffentlichten Inhalten. Diese Inhalte können spezifische Medienformen annehmen, wie beispielsweise Bilder bzw. Fotos (z. B. Instagram, Pinterest), Videos (z. B. Youtube, TikTok), Audiodateien (z. B. Soundcloud) oder Präsentationen (z. B. Slideshare). (Vgl. Schmidt/Taddicken 2017: 10 f.)

Varianten des Personal Publishings lassen sich grundlegend in drei verschiedene Kategorien einteilen: Weblogs, Microblogging-Dienste sowie Podcasts. Diese fokussieren sich insbesondere auf die Urheberinnen und Urheber der veröffentlichten Inhalte.

Weblogs (auch Blogs) stellen hierbei kontinuierlich aktualisierte Websites dar, innerhalb derer Beiträge in rückwärts chronologischer Reihenfolge von den jeweiligen Betreiberinnen und Betreibern aufgeführt werden, und die (üblicherweise) über eine Kommentarfunktion verfügen. Weblogs gründen häufig auf Stand-alone-Softwares (z. B. WordPress), können sich aber auch im Kontext spezieller Provider (z. B. blogspot.com) sowie als Bestandteil breiterer Angebote (z. B. FAZ.net) präsentieren. Die Gesamtheit dieser Blogs lässt sich als „Blogosphäre" bezeichnen.

Microblogging-Dienste konzentrieren sich dagegen auf Kurznachrichten, die in der Timeline der Nutzerinnen und Nutzer in rückwärts chronologischer Reihenfolge aufgeführt werden. Explizit geschaffene soziale Kontakte nehmen einen bedeutenden, strukturierenden Stellenwert ein: In der Regel werden Meldungen von Nutzerinnen und Nutzern, denen „gefolgt" wird, rezipiert und andersherum werden die eigenen Nachrichten insbesondere denjenigen Nutzerinnen und Nutzern, die einem selbst folgen, zugänglich gemacht. So verfügt jede Microbloggerin und jeder Microblogger über ein eigenes, individuell selektiertes – somit personalisiertes – Informationsradar. Mithilfe des Operators „#" (Raute), werden Wörter sowie Wortkonstellationen in einen sogenannten Hashtag umgewandelt, der Inhalte innerhalb von Microblogging-Diensten verknüpft, filtert, bündelt und folglich kontextualisiert. Als am weitesten verbreiteter Microblogging-Dienst gilt mit Abstand Twitter.

Nicht textbasierte Varianten des Personal Publishing stellen der Podcast (audiobasiert) und der Videocast bzw. Video-Podcast/Vodcast (audiovisuell) dar. Diese lassen sich üblicherweise über entsprechende Plattformen wie z. B. iTunes oder Spotify abonnieren. Eine Kommentarfunktion bietet oft die Möglichkeit, auf die jeweiligen Folgen zu reagieren. (Vgl. ebd.: 11 f.)

Instant Messaging/Chat bietet Nutzerinnen und Nutzern prinzipiell die Möglichkeit, untereinander zu kommunizieren. Die beiden Varianten unterscheiden sich in der jeweiligen Strukturierung der Kommunikationsräume: Der Chat ereignet sich meist innerhalb eines eigenen Raums, dem mehrere Teilnehmerinnen und Teilnehmer beitreten können, um miteinander zu kommunizieren. Instant Messaging geschieht hingegen über das Netzwerk, welches sich die Nutzerinnen und Nutzer zuvor durch autorisierte Kontakte zusammengestellt haben. Es stellt sozusagen die „privatere" Variante des Chats dar und erscheint gegenwärtig als gängigere Form. Die Kommunikation verläuft in der Regel textbasiert, wird mittlerweile jedoch zunehmend begleitet durch die Einbettung von Bildern und Dateien wie z. B. Emojis und GIFs. Bekannte Instant-Messaging-Dienste stellen Applikationen wie WhatsApp, der Facebook Messenger oder Snapchat dar. (Vgl. ebd.: 12 f.)

Die Kurzform Wiki (von WikiWikiWebs) beschreibt letztlich Anwendungen, die Hypertext-Dokumente unmittelbar im Browser schaffen, bearbeiten und anhand einer speziellen Syntax die verschiedenen Seiten des Wikis untereinander und miteinander verlinken. Als am weitesten verbreitetes Wiki lässt sich die kollaborativ entwickelte Enzyklopädie Wikipedia aufführen. (Vgl. ebd.: 13)

Die vorliegende Arbeit konzentriert sich insbesondere auf (soziale) Netzwerkplattformen bzw. Social Network Sites in Kombination mit Chat-/Instant-Messaging-Diensten. Hierbei werden UGC-Plattformen, die sich aus ähnlichen Elementen konstituieren (grundlegend: Profil, Kommentar- und Nachrichtenfunktion) ebenfalls – unter Netzwerkplattformen gefasst – miteinbezogen. Aus Gründen der besseren Lesbarkeit wird im Folgenden die Abkürzung „SNS" für Social Network Sites verwendet. Zudem wird darauf verzichtet, sich auf ein spezifisches SNS-Unternehmen zu beziehen, vielmehr sollen verschiedene, gegenwärtig relevant erscheinende SNS zur exemplarischen Untermauerung der vorliegenden Arbeit aufgeführt werden. So lässt sich die generelle Bedeutung von SNS für die Identitätsbildungsprozesse in der Adoleszenz untersuchen.

Die vorliegende Statistik ermöglicht einen Überblick über die derzeit größten SNS und Messenger-Dienste nach Anzahl der aktiven Nutzerinnen und Nutzer im Januar 2020 weltweit. An dieser Stelle gilt es zu berücksichtigen, dass das Nutzungsverhalten geografisch unterschiedlich ausgeprägt ist.

Monatlich aktive Nutzerinnen und Nutzer in Millionen

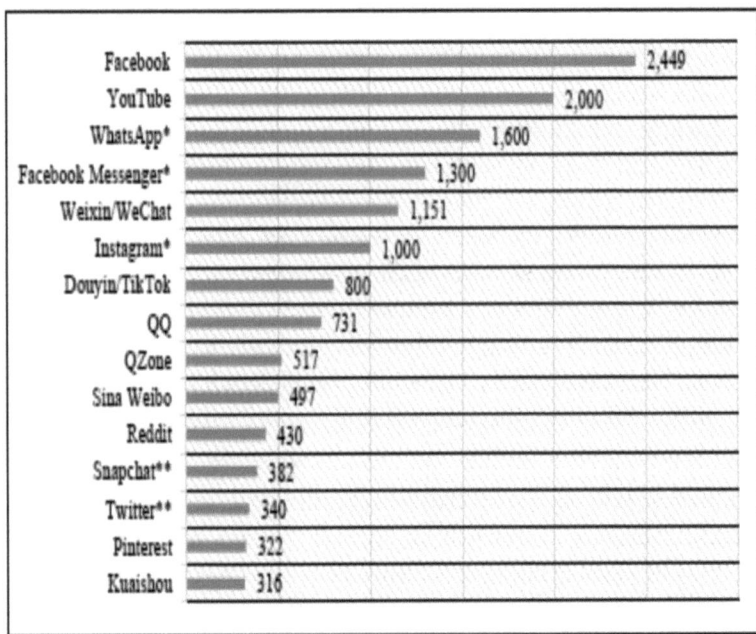

Abb.1: SNS-Nutzungsverhalten global (vgl. DataReportal 2020)

Das Themenfeld Social Media wird aus dem Blickwinkel heraus bearbeitet, dass Social Media im Sinne einer hybriden Lebenswelt – die aus realweltlichen Verhältnissen, aber auch aus virtuellen Räumen besteht – verstanden werden. Social Media lassen sich folglich als fester Bestandteil unseres (westlichen) Lebensalltags begreifen und stellen insofern ein erweitertes Handlungsfeld dar. Inwieweit stellen Social Media jedoch einen Möglichkeitsraum dar? Um sich jener Frage anzunehmen, muss zunächst ein erweitertes Raumverständnis geschaffen werden. Im Folgenden gilt es deshalb herauszuarbeiten, wie sich Social Media als Möglichkeitsraum darstellen und inwiefern dieser technisch geformt wird. Social Media sollen hierzu aus kritischer Perspektive als Handlungsfeld gegenwärtiger Zeit beschrieben werden.

Nach Jörissen gilt es die Durchdringung materieller und medialer Aspekte von Räumen zu untersuchen. Aufgrund der Tatsache, dass Kindheit und Jugend gegenwärtig innerhalb medial durchzogener Räume stattfinden, müssen neben der Betrachtung der Partizipation in diesen Räumen und ihrer Gestaltung auch die Ausweitungen der Öffentlichkeit und der Sichtbarkeiten sowie die mit der von Räumen hervorgebrachten Ordnung einhergehenden Fragen nach Machtaspekten Beachtung finden. (Vgl. Jörissen 2016: 101 f.)

Im Sinne des Konzepts des „Agentiellen Realismus" von der Kultur- und kritischen Geschlechterforscherin Karen Barad ließe sich die Wechselwirkung der Mediengestaltung mit den Worten wir gestalten das Medium und das Medium gestaltet uns beschreiben (siehe Barad 2017).

Mit dem Vortrag bei der Internetkonferenz „re:publica" 2010 gab die Kommunikations- und Medienwissenschaftlerin Miriam Meckel einen wichtigen Impuls für die Bedeutung von Algorithmen für das Mediennutzungsverhalten. Algorithmen, so Meckel, errechnen und antizipieren aus früheren Verhaltensweisen zukünftiges Verhalten. So ist alles, was sich in der Zukunft darstellen kann, bereits in der Vergangenheit festgelegt. Meckel warnt angesichts jener Begrenzung auf selbstreferentielle Inhalte vor dem Risiko, sich – metaphorisch gesprochen – in einer „Echokammer" zu verlieren. Deshalb fordert Meckel dazu auf, sich bewusst mit diesem von Algorithmen geformten Raumverständnis auseinanderzusetzen, sich über die eigene Interessenlage hinweg offen gegenüber neuen Impulsen zu zeigen und gegebenenfalls aktiv nach solchen zu suchen. Nur so ließe sich die suggerierte Auffassung über Freiheit, Demokratie und Individualität, welche das Internet zu bieten habe, tatsächlich realisieren. (Vgl. Meckel 2010)

Der Kommunikations- und Medienethiker Alexander Filipović spricht in diesem Kontext davon, dass innerhalb einer von Algorithmen beherrschten Medienwelt die Online-Vergangenheit die Zukunft des Online-Verhaltens determiniert. Bestimmte Handlungsvorstellungen werden folglich durch bestimmte Algorithmen dargelegt, die andere wiederum nicht zulassen. So werden nach Filipović (in Anlehnung an Lawrence Lessigs Konzept „Code ist Gesetz" 1999) menschliche Kommunikation und Handlungen neben normativen Vorstellungen bedeutend von Algorithmen (mit-)strukturiert bzw. geformt. Diese bestimmen darüber, welche Nutzerinnen und Nutzer dazu befähigt sind, auf bestimmte Inhalte Zugriff zu erhalten, und welche nicht. (Vgl. Filipović 2013: 194 f.; siehe auch Pariser 2011)

Der Informatiker und Philosoph Oliver Leistert und der Medien- und Kommunikationswissenschaftler Theo Röhle führen in ihrem Werk „Generation Facebook. Über das Leben im Social Net" auf, wie Social Media auf komplexe Weise in gegenwärtige gesellschaftliche Strukturen eingebettet sind und diese erheblich (mit-)gestalten. So lässt sich eine zunehmende Ausweitung von Social Media in verschiedene Lebensbereiche, die (Re-)Produktion von Subjektivitäten und eine Ausdifferenzierung ökonomischer wie auch politischer Prozesse anhand bestimmter Algorithmen beobachten. (Vgl. Leistert/Röhle 2011: 8)

Es kann insofern von der Annahme ausgegangen werden, „[…] dass Medien eine kontinuierliche Strukturierung der menschlichen Wahrnehmung vornehmen", so die Medienkulturwissenschaftlerin Petra Missomelius (2006: 9).

In Hinblick auf den ökonomischen Nutzen von Social Media lässt sich Internetnutzung im Rahmen des Online Marketings mit der Funktion eines Trichters vergleichen – aus Nutzerinnen und Nutzern werden Konsumentinnen und Konsumenten. Das Spezielle an Online-Werbung über Social Media ist, dass diese bereits an jener Stelle ansetzt, an welcher sich noch kein explizites Interesse der Nutzerinnen und Nutzer herausgebildet hat. Über SNS wird folglich – durch vermeintlich persönlich zugeschnittene Werbeformate – versucht, Nutzerinnen und Nutzer für ein bestimmtes Produkt zu begeistern, für welches diese sich zuvor jedoch noch gar nicht interessiert hatten. Um jenes individuelle Interesse der Nutzerinnen und Nutzer zu erfassen und im Anschluss daran übereinstimmende Vorschläge zu generieren, wird auf verschiedene Algorithmen zurückgegriffen. Diese errechnen sich vor allem über das individuelle Nutzungsverhalten, also anhand von medialen Aktivitäten und der Auswertung von Modellen wie z. B. dem „Like-Button" von Facebook oder dem „Heart-Button" von Instagram sowie der Bereitstellung persönlicher Daten wie Beruf, Geburtsdatum etc. Der Medien- und Kommunikationswissenschaftler Marc Coté und die Kulturwissenschaftlerin Jennifer Pybus sprechen in diesem Zusammenhang von immaterieller Arbeit, die Nutzerinnen und Nutzer durch ihre medialen Aktivitäten leisten und damit als eine kostenlose Ressource für zentrale Geschäftsprozesse (wie Vertrieb und Marketing) zur Verfügung stellen. (Vgl. Leistert/Röhle 2011: 9–12)

Ähnlich verhält es sich mit dem politischen Potenzial von Social Media. So muss die suggerierte Annahme über eine freie, demokratische Nutzung von Social Media auch in diesem Kontext immer unter Aspekten formender Algorithmen sowie dem Mitwirken von Marketing-Firmen, Bots oder sogenannten Trollen innerhalb öffentlicher Debatten erfasst werden. (Vgl. ebd.: 18) Social Media erweisen sich infolgedessen als hilfreicher Kompass für politische Entscheidungen, wie z. B. die Beeinflussung und Analyse von Meinungen und Stimmungen (vgl. ebd.: 26). Am Beispiel der umstrittenen Rolle von Facebook im arabischen Frühling wird ersichtlich, welche Wirkungsmacht SNS beigemessen werden kann, die sowohl positive als auch negative Effekte hervorbringen kann. Zudem müssen immer auch die Erreichbarkeit bzw. die Zugänglichkeit zu Social Media berücksichtigt werden (z. B. wirtschaftlich, urbane Gegenden im Vergleich zu ländlichen, armen Gegenden). (Vgl. ebd.: 13–16)

Um jene Vorstellung über einen vermeintlich freien, demokratischen und individuellen Zugang zu Social Media tatsächlich zu ermöglichen, müssen dem Kommunikations- und Medienwissenschaftler Joseph Bodle nach folgende technische Kriterien von Social Networking Sites erfüllt werden: Open Source, Offene Protokolle, Dezentrale Speicherung, Gesicherte Verbindungen, Identitätsfreiheit, Erlaubte Anonymität, „Klick and Go", Definitionsmacht der Nutzerinnen und Nutzer (vgl. ebd.: 27 f.).

Infolgedessen vertritt Bodle (2011: 95) die Auffassung, dass SNS und Netzwerkapplikationen so gestaltet werden können,

> „[…] dass die Mitglieder die Kontrolle darüber haben, welche Informationen mit wem geteilt werden. Neue Mashups, Widgets, soziale Plugins und Social Games können Interaktionen und Vernetzungen ermöglichen und zugleich für kontextuelle Integrität sorgen. Möglicherweise werden SNS der nächsten Generation mit lesbaren Datenschutzbestimmungen, abwählbaren Voreinstellungen und vereinfachten Datenschutzkontrollen den Mitgliedern echte Wahlmöglichkeiten einräumen."

Social Media stellen folglich zwar ein erweitertes Handlungsfeld bzw. einen Möglichkeitsraum für Heranwachsende dar, welcher jedoch stets unter den jeweilig vorherrschenden, machtgebundenen Aspekten von ökonomischen und politischen Einflüssen sowie Subjektivierungsprozessen, die jenen Raum weitgehend (mit-)gestalten und regulieren, betrachtet werden muss. Auf der Grundlage eines solchen Verständnisses über die (technische) Raumkonstitution von Social Media kann sich schließlich der Bedeutung von SNS für die Identitätsbildungsprozesse Heranwachsender zugewandt werden.

## 4 Identitätsbildung und Social Media

Die Herausbildung der eigenen Identität lässt sich als zentrale Entwicklungsaufgabe in der Phase der Adoleszenz fassen. In einer multioptionalen Gesellschaft, die sich durch eine Vielfalt an Wahlmöglichkeiten für die Gestaltung des Lebensverlaufs kennzeichnet, stellt dies für Heranwachsende keinesfalls eine leicht zu bewältigende Herausforderung dar. Jugendliche sind mehr denn je dazu angehalten, sich als eigenständige, selbstunternehmerische Individuen zu konstituieren und zu behaupten. (Vgl. Schmidt et al. 2011: 23)

Wie aus den vorangegangenen Erkenntnissen ersichtlich wurde, lässt sich vor dem Hintergrund vernetzter und (mobil) omnipräsenter Medien von einer Mediatisierung des Alltags sprechen. Social Media sind als fester Bestandteil einer hybriden Lebenswelt zu begreifen, innerhalb welcher Heranwachsende Identität(en) neben realweltlicher Interaktion zugleich in virtueller Interaktion herausbilden. Die Phase der Adoleszenz ist wesentlich gekennzeichnet durch die Ablösung vom eigenen Elternhaus bzw. von der jeweils zuständigen Betreuungsperson oder den zuständigen Betreuungspersonen und der Zuwendung zu den Peers. So nimmt die eigene Peer-Group einen bedeutsamen Stellenwert für die Identitätsbildungsprozesse in der Adoleszenz ein.

Hierfür stellen Social Media, als Kommunikations- und Beziehungsmedium, ein erweitertes Handlungsfeld dar, das Heranwachsenden eine dynamische sowie aktive Sach-, Sozial- und Selbstauseinandersetzung erlaubt (vgl. ebd.: 24–26). Sachauseinandersetzung meint nach Schmidt, Paus-Hasebrink und dem Psychologen und Kommunikationswissenschaftler Uwe Hasebrink (ebd.: 27) an dieser Stelle die „[...] Bildung und Pflege realer Repräsentationen und Präsentationen, die Organisation und Reflexion des Wissens um die Welt und von eigenen Erfahrungen mit ihr", Sozialauseinandersetzung „[...] die Bildung und Pflege von Kontakten, Freundschaften oder Beziehungen [...]" und Selbstauseinandersetzung „[...] die Erfahrungen mit eigenen Wünschen, Hoffnungen und Vorstellungen, mit Gegenwarts- und Zukunftsszenarien zum Selbstbild, mit Möglichkeiten des Selbstausdrucks und der Selbstrepräsentation."

Diese Entwicklungsaufgaben korrespondieren mit den Handlungskomponenten des Wissensmanagements, Beziehungsmanagements und Identitätsmanagements (vgl. ebd.); Heranwachsende setzen sich insofern grundlegend mit den Kernfragen: „Wie orientiere ich mich in der Welt?", „Welche Position habe ich in meinem sozialen Netzwerk?" und „Wer bin ich?" auseinander (ebd.). Die verschiedenen

Handlungskomponenten lassen sich hierbei nicht explizit voneinander abgrenzen, insbesondere die Prozesse des Beziehungs- und Identitätsmanagements erscheinen als unzertrennlich – Sozial- und Selbstauseinandersetzung gehen miteinander einher – und werden in der nachfolgenden Untersuchung deshalb in Beziehung zueinander betrachtet (vgl. ebd.: 269).

Wie bereits zuvor aufgeführt, konzentriert sich die vorliegende Arbeit auf SNS (miteinbezogen werden an dieser Stelle UGC-Plattformen, die sich aus ähnlichen Elementen konstituieren – grundlegend: Profil, Kommentar- und Nachrichtenfunktion) in Kombination mit Chat/Instant-Messaging-Diensten. SNS werden vor allem deshalb fokussiert, da sich diese als besonders geeignet für Identitätsbildungsprozesse erweisen, wie der gegenwärtige Forschungsstand zeigt (siehe hierzu Kapitel 4.1 und 4.2).

Die vorliegende Grafik aus dem Jahr 2020 soll neben dem in Kapitel 3.2 aufgeführten, globalen Überblick ein geografisch differenzierteres Verhältnis ermöglichen sowie das Nutzungsverhalten explizit in der Phase der Adoleszenz (11–17 Jahre) von SNS in Österreich aufzeigen.

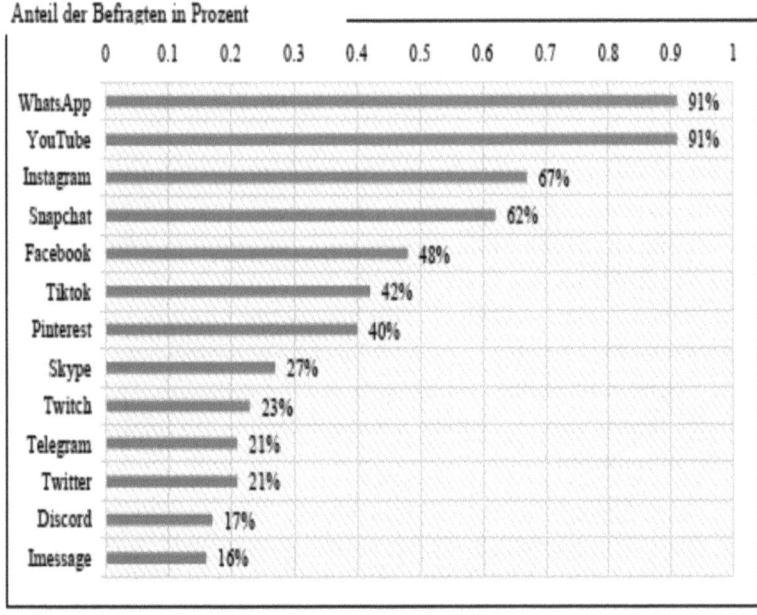

Abb.2: SNS-Nutzungsverhalten Jugend AT (vgl. Saferinternet.at 2020)

Wie aus den vorangegangenen Darstellungen ersichtlich wurde, nehmen SNS einen bedeutenden Stellenwert für die Identitätsbildungsprozesse in der Phase der Adoleszenz ein. In den folgenden Kapiteln gilt es deshalb, die Möglichkeiten und die Probleme, die sich für die Identitätsbildungsprozesse Heranwachsender auf SNS ergeben können, herauszuarbeiten.

## 4.1 Möglichkeiten

„Die Medien spielen im Alltag von Jugendlichen eine zentrale Rolle. Sie eröffnen als soziale Probebühnen Handlungsräume, in welchen Identitäten erarbeitet werden. Der Umbau der sozialen Beziehungen in der Ablösung von den Eltern und der Zuwendung zu den Peers wird über Medien gestaltet. Medienpräferenzen schaffen Zusammengehörigkeitsgefühle und symbolische Formen der Abgrenzung." (Süss 2004: 142)

Nach Hipeli und Süss verwenden Heranwachsende Medien zur Erschließung gesellschaftlicher Handlungsräume, um Autonomie zu beanspruchen und individuell gewählte Zugehörigkeiten zum Ausdruck zu bringen. Die verschiedenen Entwicklungsaufgaben, die sich in der Phase der Adoleszenz darstellen, können durch Prozesse des Ausprobierens verschiedener Verhaltensweisen und Lebensstile bewältigt werden. Insbesondere das Herausarbeiten der eigenen Identität stellt sich als zentrale Herausforderung für Jugendliche dar. Jene Prozesse der Identitätsbildung geschehen in zunehmender Ablösung vom Elternhaus bzw. von der jeweiligen Betreuungsperson oder den Betreuungspersonen und der Zuwendung zu der eigenen Peer-Group. Die Orientierung an der eigenen Peer-Group wird insofern als wesentliche Schlüsselkomponente für Identitätsbildungsprozesse in der Adoleszenz verstanden. SNS eröffnen in diesem Zusammenhang Raum für jene Identitätsbildungsprozesse: Jugendliche erkunden sich in medialer Interaktion mit anderen (meist mit den eigenen Peers) selbst. Hierbei können neue Konzeptionen, aber auch Spiegelungen eigener Vorstellungen und Haltungen entdeckt und ausprobiert werden. Hipeli und Süss sprechen in diesem Kontext von Online-Welten als soziale Probebühnen. (Vgl. Süss/Hipeli 2010: 142–148)

Realweltliche und virtuelle Realität erfahren an dieser Stelle keine direkte Abgrenzung voneinander, vielmehr gehen diese fließend ineinander über und stellen somit hybride Alltagswirklichkeiten dar. Boyd (2019: 84 f.) beschreibt diese Übergänge wie folgt:

"When teens are involved in friendship-driven practices, online and offline are not separate worlds – they are simply different settings in which to gather with friends and peers. Social Media mirror, magnify, and extend everyday social worlds. By and large teens use social media to do what they have been doing – socialize with friends, negotiate peer groups, flirt, share stories, and simply hang out."

So finden alltägliche Aktivitäten und Ereignisse Jugendlicher, die in realweltlicher Umgebung stattgefunden haben bzw. stattfinden, Zugang zu virtuellen Räumen und andersherum. Der Medienpädagoge Alexander Unger spricht an dieser Stelle von einer Hybridisierung der beiden Sphären. SNS stellen sich insofern als ein erweitertes Handlungsfeld für Heranwachsende dar, innerhalb welchem Identitätsbildung neben realweltlicher Interaktion auch in virtueller Interaktion – lediglich unter anderen Rahmenbedingungen – stattfinden kann. (Vgl. Unger 2014: 50)

Medien lassen sich als fester Bestandteil unseres (westlichen) Alltagslebens wie auch unseres Selbstverständnisses begreifen. Nach Hipfl erfahren die drei Bereiche Medien, Alltag und Identität insofern keine eindeutige Abgrenzung, vielmehr wird davon ausgegangen, dass diese miteinander verbunden sind und sich gleichzeitig gegenseitig konstituieren. (Vgl. Hipfl 2004: 16)

Zugleich eröffnen SNS aber auch eine ganze Reihe neuer Möglichkeiten für Heranwachsende, die es beispielsweise – vor dem Hintergrund vernetzter und (mobil) omnipräsenter Medien – erlauben, in ununterbrochenem Austausch mit der eigenen Peer-Group zu stehen sowie auch andere Formen der Identitätsarbeit zu nutzen (vgl. Boyd 2019: 85).

Während Freundschaften zwischen Jugendlichen nicht unmittelbar durch Merkmale wie physische oder psychische Beeinträchtigungen, Ethnie, Religion, oder Geschlecht segregiert werden, lassen sich dennoch gesellschaftliche Klassifizierungen wahrnehmen, die durch Faktoren wie die soziale Herkunft darüber (mit-)entscheiden, innerhalb welchen Umfelds Heranwachsende vermehrt in Kontakt zu anderen treten und folglich Freundschaften auf der Basis vermeintlich ähnlicher Interessenslagen schließen. SNS bieten Heranwachsenden an dieser Stelle die Möglichkeit, jene Grenzsetzungen zu überwinden, neben der eigenen Peer-Group ein umfangreicheres Netz an Verbindungen herzustellen und somit neue Impulse bzw. Inspiration erfahren zu können. Zudem lassen sich durch SNS geographische Beschränkungen überwinden und somit interaktive Austauschprozesse mit Kontakten ermöglichen, die im realweltlichen Kontext nicht unmittelbar möglich wären. Für Identitätsbildungsprozesse kann dies z. B. ein gesteigertes Bewusstsein über die Toleranz gegenüber menschlicher Vielfalt bedeuten. So eröffnen SNS insbesondere denjenigen Jugendlichen, welchen innerhalb ihres realweltlichen sozialen Umfelds keine oder nur wenig gleichgesinnte Kontakte zur Verfügung stehen, Zugang zu einem wesentlich breiteren Feld für themenbezogenen Austausch, wie z. B. innerhalb von LGBTQ-Gruppierungen, der sich wiederum konstituierend auf die eigene Identitätsbildung auswirken kann. (Vgl. ebd.: 88 f.)

Mediale Konstellationen wie SNS fungieren als wichtige Vermittler von Werten und Haltungen für Heranwachsende. Diese können sich, neben der Übermittlung verzerrter und problematischer Inhalte, durch die Verbreitung inhaltlich wertvoller Beiträge auch positiv auf die Konstitution der Identität von Jugendlichen auswirken. Gegenwärtig lässt sich beispielsweise beobachten, dass Gegenstände menschlicher Vielfalt zunehmend medial thematisiert werden: Diese können sich in diversen Formen auf SNS äußern, u. a. durch Werbeanzeigen, individuelle Beiträge von Nutzerinnen und Nutzern oder mediale Protestbewegungen, wie gegenwärtig z. B. Black Lives Matter zeigt. (Siehe u. a. Jebens 2020) Vor diesem Hintergrund nehmen berühmte Persönlichkeiten wie auch sogenannte Social Influencerinnen und Social Influencer auf SNS einen bedeutenden Stellenwert für jene Vermittlungspraktiken ein. So werden eigene Handlungs- und Deutungsmuster mit denen anderer abgeglichen und gegebenenfalls überarbeitet. Lassen sich Übereinstimmungen wahrnehmen oder können sich Jugendliche mit medialen Bezugspersonen identifizieren, kann dies den Selbstwert bestätigen. (Vgl. Wegener 2008: 391; siehe auch Von Rotz/Tokarski 2020)

Grundsätzlich lässt sich jedoch festhalten, dass die Mehrheit der Jugendlichen Social Media dafür nutzt, bereits bestehende Bekanntschaften oder Freundschaften aufrechtzuerhalten und zu pflegen (vgl. Boyd 2019: 89). Deshalb ist eine authentische Selbstdarstellung von wesentlicher Bedeutung für Identitätsbildungsprozesse, so Unger. Nur auf diese Weise ließe sich Anerkennung im sozialen Netzwerk finden. (Vgl. Unger 2014: 48) Die Selbstdarstellung von Jugendlichen wird auf SNS grundlegend „[...] durch die Angaben, die sie bewusst über ihre Person machen, durch die Kommentare ihrer Freunde sowie als Produkt der Reaktionen anderer auf ihr Profil und ihre Mitteilungen konstruiert" (Boyd 2014: 55). Nach Unger (vgl. 2014: 49) ereignen sich „Face-to-Face"-Interaktionen in realweltlicher Umgebung deutlich spontaner und flüchtiger als über virtuelle Profile: Innerhalb dieser Profile stellen sich onlinebasierte Interaktionen einerseits als persistenter dar und eröffnen durch die zeitliche Differenz zwischen Erstellung und Präsentation Raum für Reflexion, andererseits erweisen sie sich aufgrund ihrer Aktualisierbarkeit als veränderlich – so erlauben SNS Jugendlichen, z. B. durch Überarbeitung, auf soziales Feedback zu reagieren. Für Identitätsbildungsprozesse relevant erscheint insofern die Möglichkeit der Ausarbeitung des Entwurfes der eigenen Person anhand von medialem Feedback (z. B. durch Kommentare oder „Likes") eines Beziehungsnetzwerkes. Fällt das Feedback schließlich positiv aus, erfahren die Jugendlichen Anerkennung und soziale Akzeptanz – welche unabdingbar für die Konstitution der eigenen Identität in der Phase der Adoleszenz sind. (Vgl. ebd.: 53 f.)

Wie bereits aus den vorangegangenen Erkenntnissen und Kapitel 4 ersichtlich wurde, lassen sich die Prozesse des Beziehungsmanagements nicht von den Prozessen des Identitätsmanagements trennen, entsprechend sind Sozialauseinandersetzung und Selbstauseinandersetzung unmittelbar miteinander verbunden. Heranwachsende nutzen SNS insofern überwiegend als Mittel zum Zweck: Über die eigene, mediale Selbstdarstellung wird auf soziale Reaktion abgezielt, um folglich in sozialer Interaktion ein zunehmend ausdifferenziertes Verhältnis zum eigenen Selbst einnehmen zu können. (Vgl. Schmidt et al. 2011: 269) SNS stellen nach Schmidt, Paus-Hasebrink und Hasebrink (ebd.: 210) folglich „[...] prototypische Umgebungen für das Identitäts- und Beziehungsmanagement [...]" dar. Ausgangspunkt und Ankerpunkt stellt hierfür die eigene Profilseite dar (vgl. ebd.). SNS als virtuelle Räume der Selbst(re)präsentation bieten nach Schmidt, Paus-Hasebrink und Hasebrink (vgl. ebd.: 27, 153) Heranwachsenden die Gelegenheit zu „Als-ob-Spielen" in Identitätsbildungsprozessen, also dem Ausprobieren und Kennenlernen von verschiedenen Handlungsoptionen. Das Pflegen und Gestalten der eigenen Profilseite auf SNS erachten Schmidt, Paus-Hasebrink und Hasebrink als wichtigste Form für Identitätsbildungsprozesse – durch die Repräsentation und Positionierung des eigenen Selbst gegenüber der (privaten) Öffentlichkeit demonstrieren Heranwachsende, wer sie sind bzw. wer sie gerne sein möchten. Diverse weitere Funktionen von SNS, wie z. B. das Beitreten zu spezifischen Gruppen oder das explizite „Folgen" bestimmter Seiten, unterstützen jene Abgrenzungs- und Zugehörigkeitsmechanismen. (Vgl. ebd.: 166 f.)

Als Potentiale für Identitätsbildungsprozesse in SNS nennt die Soziologin und Kommunikationswissenschaftlerin Bernadette Kneidinger-Müller (vgl. 2015: 74 f.), ähnlich wie die vorangegangenen Vertreter, das Erproben von bisher eher verdeckt gehaltenen Identitätsfacetten, das soziale Feedback als zentrales Element für Lernprozesse (Versuchsfläche für soziale Verhaltensweisen) sowie das Überwinden von Grenzen in Anbetracht von Stereotypisierungen und Vorurteilen.

In seinem Beitrag „Heart me!" fokussiert der Medienwissenschaftler Felix Fischer primär die Bedeutung visueller Kommunikation über Selbstdarstellungsprozesse auf SNS für die Identitätsbildung in der Phase der Adoleszenz. Auch Fischer unterstreicht hier das ambivalente Verhältnis von Identitätsbildung und einem Beziehungsnetzwerk: Identitätsbildung lässt sich ohne soziale Umwelt nicht denken. (Vgl. Fischer 2016: 94) Die zunehmende Ausdrucksweise in SNS über Bilder und Videos zeigt, dass sich Jugendliche gegenwärtig weniger als Teilnehmerinnen und Teilnehmer oder gar als (passive) Rezipientinnen und Rezipienten begreifen lassen, sondern sich vielmehr selbst zu Produzentinnen und Produzenten (sogenannte Produser, aus producer und user) entwickeln, die durch kreative Gestaltungsweisen ihr eigenes Selbst darstellen und dieses hierdurch in kontinuierlichem Prozess ausdifferenziert herausarbeiten können. Die Selbstdarstellung auf SNS ermöglicht es Jugendlichen, einen ununterbrochenen Blick auf das eigene Selbst zu richten, und prägt zugleich den Eindruck, der bei anderen erzeugt wird. So materialisieren sich Selbst- und Fremdwahrnehmung in der jeweiligen Darstellungsform gleichermaßen. (Vgl. ebd.: 106) Damit nehmen Selbstdarstellungsweisen von Jugendlichen auf SNS einen wichtigen Stellenwert für die Herausbildung der Identität ein (vgl. ebd.: 94).

Die Medienwissenschaftlerin Claudia Wegener (2010: 58) fasst Medienproduktionen als „[...] Vorlage zur reflexiven Auseinandersetzung mit der eigenen Person im Sozialisationsprozess." Anhand von Medien lassen sich „[...] Handlungs- und Deutungsmuster, Darstellungs- und Inszenierungsformen, Rollenvorlagen und Erscheinungsbilder [...]" transportieren (ebd.). Medien sind in vielerlei Hinsicht in die Formen sozialen Handelns eingebunden und sind insofern maßgeblich an Identitätskonstruktionsprozessen beteiligt. Wegener (ebd.) beschreibt Medien metaphorisch als „[...] Vehikel zur Formierung von Gruppen und Szenen [...]", innerhalb welcher Mitglieder gegenseitige Anerkennung und Zugehörigkeit durch das Ausformulieren sozialer Rollen erfahren können. Die von Erving Goffman bestärkte Relevanz der Selbstpräsentation vor gesellschaftlichem Publikum für die Ausarbeitung der eigenen Identität lässt sich auch auf mediale Konstellationen übertragen. SNS eröffnen Heranwachsenden insofern den Raum, sich durch gewisse Ausdrucksweisen zu einer bestimmten sozialen Gruppe zu bekennen und dieses Selbstbild nach außen hin zu präsentieren. Ziel jener Selbstpräsentation kann es sein, Anerkennung und Zuspruch anderer zu erhalten, aber auch Widerspruch und Abgrenzung zu erzeugen. Es wird allerdings in jedem Fall versucht, ein Handeln zu evozieren, das mit den eigenen Vorstellungen und Wünschen in Bezug auf soziale Interaktion – innerhalb gegebener Rahmenbedingungen – übereinstimmt. Medieninhalte werden folglich häufig mit der Intention produziert, eigene, möglicherweise bisher eher verdeckte Bedürfnisse, Wünsche oder Forderungen nach außen zu tragen. SNS offerieren hierfür eine Vielfalt an Möglichkeiten der Selbstpräsentation, wie z. B. das simple Hochladen bzw. „Posten" eines Fotos oder Videos, das Veröffentlichen von personenbezogenen Daten im eigenen Profil bzw. der eigenen Biografie, das „Folgen" oder Abonnieren bestimmter Seiten oder das Beitreten spezifischer Gruppen. Neben den bisher vielfach ausgearbeiteten Konzeptionen der Selbstdarstellung auf SNS und deren bedeutendem Einfluss auf Identitätsbildungsprozesse in der Phase der Adoleszenz, erweitert Wegener diese durch Komponenten der Selbstnarration und die hiermit verbundene biografische Selbstreflexion. Durch die Funktion eines kollektiven Gedächtnisses können Medien stützend für biografisches Erleben Heranwachsender wirken. Somit stellen sich SNS als Plattformen für das Veröffentlichen von Selbsterzählungen dar und ermöglichen es durch den Prozess des öffentlichen Erzählens, sich seines eigenen Selbst zu vergewissern. Dies kann durch eine fragmentierte Veröffentlichung des eigenen Lebensalltags z. B. durch das „Posten" von „Stories" geschehen, in denen sich eine persönliche Geschichte rekonstruieren lässt. Selbstreflexion geschieht hier durch die Interaktion mit anderen, sei es einzig durch das Wahrnehmen der Narration, z. B. durch die Anzahl der „Klicks" und „Views", oder im tatsächlichen Austausch, wie z. B. durch ein explizites Reagieren auf die „Stories". (Vgl. ebd.: 59–61)

Wie aus der vorangegangenen Darstellung ersichtlich wird, stellen SNS hinsichtlich ihrer Omnipräsenz einen zentralen Ort für Identitätsbildungsprozesse in der Phase der Adoleszenz dar. Identität wird somit neben realweltlicher Interaktion zunehmend in virtueller Interaktion konstruiert. Die Übergänge verlaufen hierbei fließend, es wird von hybriden Alltagswelten gesprochen. SNS werden von Jugendlichen überwiegend für den Austausch mit der eigenen Peer-Group genutzt, eine authentische Darstellung des eigenen Selbst erweist sich deshalb als wesentlich. Insbesondere die Aspekte der Selbstdarstellung und Kommunikation innerhalb eines Beziehungsnetzwerkes erscheinen von besonderer Bedeutung für Identitätsbildungsprozesse von Heranwachsenden auf SNS. Soziale Anerkennung sowie Zugehörigkeit und Abgrenzung zu bestimmten sozialen Gruppen stellen hierbei wesentliche Kriterien für die Konstitution einer stabilen Identität in der Phase der Adoleszenz dar. Grundlegend zusammenfassen lässt sich, dass sich SNS insofern als Möglichkeitsraum darstellen, als sich Heranwachsende durch verschiedene Formen der Selbstpräsentation und Selbstnarration vor einer (privaten) Öffentlichkeit ausprobieren und durch deren Feedback ein ausdifferenzierteres Verhältnis zu sich selbst ausarbeiten können. Aufgrund globaler Vernetzungstechniken können SNS dazu beitragen, gesellschaftliche Segregationsprozesse und geografische Beschränkungen zu überwinden. SNS fungieren zudem als zentrale Instanz für die Vermittlung bestimmter Werte und Haltungen, die sich bei wertvollem Inhaltsgehalt konstituierend auf die Entwicklung der eigenen Identität auswirken können.

## 4.2 Probleme

Gleichzeitig „[...] sind Medien in der Lage, Selbstwahrnehmung durch die Formen ihres Ausdrucks zu lenken, reflexiv damit aber auch einen Rahmen vorzugeben, in dem Selbstnarrationen den medialen Möglichkeiten ihres Ausdruckes entsprechend entworfen und gestaltet werden", so Wegener (ebd.: 61).

Die Art und Weise der Selbstpräsentation Jugendlicher auf SNS ist infolgedessen nicht ausschließlich an jeweils konkrete Eigenschaften wie z. B. die Geschlechtszugehörigkeit gebunden, sondern wird zudem von den Faktoren verwendeter Softwarecodes (stellt eine Anwendung z. B. nur zwei, binäre Auswahlfelder über „männlich" oder „weiblich" zur Verfügung?), geltender Verwendungsregeln (erlaubt die Anwendung bspw. unvollständige oder falsche Angaben zur eigenen Person oder wird Authentizität vorausgesetzt?), sowie des adressierten Beziehungsnetzwerks (präsentieren sich die Nutzerinnen und Nutzer einem Publikum, dem bestimmte personenbezogene Merkmale bereits bekannt sind, oder einem fremden Publikum?) geformt (vgl. Reichert 2014: 169 f.; vgl. Schmidt et al. 2011: 30).

In diesem Kontext verkörpern Nutzerinnen- und Nutzerprofile auf SNS nach dem Kultur- und Medientheoretiker Ramón Reichert (2014: 175) „[...] den Imperativ zur permanenten Selbstentzifferung auf der Grundlage bestimmter Auswahlmenüs, vorgegebener Datenfelder und eines Vokabulars, das es den Individuen erlauben soll, sich selbst in einer boomenden Bekenntniskultur zu verorten."

SNS lassen sich insofern als technisch konstruierte, von Algorithmen geformte Räume betrachten, die bestimmte normative Vorstellungen von Identitätskonzeptionen in sozialen Bezügen (re-)produzieren und somit Zuschreibungen gesellschaftlicher Gruppen sowie sozialer Rollen festzulegen vermögen. So können SNS zur Konstitution sowie zur Stabilisierung von Stereotypen und Stigmata beitragen, wie insbesondere die Diskurse um Gender und Ethnie zeigen. Folglich ergibt sich, dass solche Arten an Festschreibungen erheblich dazu beitragen, personale wie kollektive Identitätsentwürfe zu formen und so Vorlagen schaffen, welche Welt- und Selbstbilder erheblich (mit-)gestalten. In Anlehnung hierzu lässt sich beobachten, wie SNS durch die Darstellung spezifischer Lebensgeschichten, z. B. von berühmten Persönlichkeiten oder Influencerinnen und Influencern, Identitätskonzepte vermitteln bzw. vorgeben, an welchen sich Heranwachsende orientieren und ausgewählte Elemente mit in die Gestaltung der eigenen Biografie einfließen lassen. (Vgl. Wegener 2010: 58–61)

Der Kunst- und Medienwissenschaftlerin Susanne Lummerding (2011: 207) zufolge lässt sich Differenzierung „[...]nicht als deskriptiver Akt der Unterscheidung bereits ›gegebener‹, von der Unterscheidung selbst unabhängiger Identitäten (im Sinne diskreter, also eindeutiger und klar abgrenzbarer Entitäten) [...]" verstehen, sondern als ein Herstellungsprozess von Identität. Somit sind Differenzkonstruktionen wie Gender-, ethnische und andere Zuordnungen nicht als kulturell-gesellschaftlich überformte Referenzen, die auf vorgängigen „Gegebenheiten" gründen, zu begreifen. Vielmehr bringen die Prozesse von Wahrnehmung und Vermittlung – folglich die Produktion von Bedeutung – das entsprechende „Etwas" hervor. Dies soll nicht bedeuten, dass keine Realität existiere, sondern dass kein unvermittelter Zugang zu einer Realität bestehen kann, die nicht bereits über Prozesse der Differenzierung vermittelt ist. Insofern lässt sich „Etwas" lediglich über die Konstruktion des „Anderen" bzw. der „Andersheit" als existent geltend machen. Übertragen auf die Konzeption von SNS zeigt sich, dass diese durch die verschiedenen Prinzipien und Prämissen des Rankings und Ratings sowie deren Auswirkungen eine Vielzahl an Differenzkonstruktionen hervorbringen (oder bereits vermittelte bekräftigen), auf deren Ebene „Etwas" gar erst gereiht und gewertet werden kann. Durch bestimmte Zugehörigkeits- oder Ausschlusskategorien zu oder von bestimmten sozialen Gruppen der entsprechend hierarchisch durch Machtrelationen strukturierten, segregierten Gesellschaft sowie durch die Vorgabe gesellschaftlich geltender Werte und Normen werden folglich normierte Subjektpositionen geschaffen, die durch mediale Konstellationen wie SNS (re-)produziert werden und anhand welcher sich Heranwachsende in der Ausarbeitung der eigenen Identität orientieren. (Vgl. ebd.: 207–209)

Mit welchen Praktiken Heranwachsende auf SNS Verhältnisse zu sich selbst einnehmen, ist nach Reichert immer auch mit Prozessen der gelenkten Selbstführung – also Subjektivierungspraktiken – verbunden. So gilt die Fähigkeit zum Selbstmanagement gegenwärtig als wesentliche Voraussetzung für die Gestaltung des eigenen Lebensverlaufs. (Vgl. Reichert 2009: 19 f.; siehe auch Bröckling 2007) Nach Reichert (2009: 21) vertreten SNS „[...] die global veränderten Bedingungen der subjektiven Selbstbestimmbarkeit." Mithilfe rechengestützter Datenbanktechnologien lassen sich Verfahren für die Feststellung und Reproduktion von Identitäten realisieren. Durch das Initiieren von diskursiven Verfahren der Wissensgenerierung, Praktiken des Selbstmanagements sowie einer „neuen" Selbstverwirklichungskultur leisten diese – als Identitätsgeneratoren – einen wesentlichen Beitrag für die Strukturierung von Machtverhältnissen. Als gesellschaftliche Produktionsmittel bilden sie durch das Erfassen und Berechnen der von Nutzerinnen und Nutzern generierten Inhalte „Normalidentitäten" sowie soziale Entitäten heraus. (Vgl. ebd.)

SNS fungieren nach der Soziologin Hannelore Bublitz (2014: 18) insofern als Räume der Subjektivierung, die als „[...] Messlatte der Einordnung, Adjustierung und der Optimierung des Selbst" fungieren. Diese „Formen öffentlicher Selbstenthüllung und Selbstdarstellung, die in globale mediale Austauschformen und mediale Verzeichnisse eingebettet sind, verweisen auf eine medial verschobene Blickmacht" (ebd.). So stellt sich Heranwachsenden die Herausforderung, sich selbst als ein „normales" soziales Subjekt herauszubilden. SNS definieren hierzu Anwendungs- und Produktionsvorgaben, durch welche sich das Subjekt zu „normalisieren" vermag. (Vgl. ebd.: 9) Infolgedessen lassen sich SNS als Räume begreifen, innerhalb welcher sich Jugendliche nicht ausschließlich sprachlich und (audio-)visuell selbst (re-)präsentieren, sondern in denen gleichzeitig Subjekte „produziert" werden – ganz im Sinne des doing subject. Daher lässt sich annehmen, dass Identitätsbildungsprozesse Heranwachsender stets in diskursive sowie technische Bedingungen eingebettet sind. (Vgl. ebd.: 12 f.) Diese lassen die Einzelne bzw. den Einzelnen als „[...] Element algorithmisch bearbeiteter Datensammlungen" erscheinen (ebd.: 16).

„Mit ihren vorstrukturierten Applikationen [...]" stellen SNS „[...] technisch-kulturelle Verfahren der Verwaltung, des Suchens, der Abbildung, des Filterns, des Kodierens und der Mustererkennung zur Verfügung und fixieren damit spezifische Regulative zur Wissenserfassung und -repräsentation von Identitäten", so Reichert (2009: 21).

Es lässt sich also festhalten, dass das Selbstmanagement als ein fester Bestandteil des alltäglichen Handelns anzunehmen ist. Dieses setzt sich aus bestimmten Wissenstechniken zusammen, die allesamt beabsichtigen, „[...] die Selbstpraktiken, das hegemoniale Ordnungswissen und die Anforderungen der kulturellen Formationen [...]" in Einklang miteinander zu bringen (ebd.). So konstituieren SNS und die Subjekte sich in einem wechselseitigen Verhältnis gegenseitig (vgl. ebd.: 23). Nach Reichert stellen sich Selbstinszenierungspraktiken auf SNS folglich weniger als Freiheitstechnologien dar, vielmehr sind sie Identitätskonstruktionen, die sich unter normativen Rahmenbedingungen herausbilden. Individualisierung ist deshalb als (widersprüchlicher) Zwang zu einer vermehrten biografischen Selbstdarstellung und Selbstreflexion zu begreifen, statt als auf einer Entscheidungsfreiheit des Subjekts beruhend. (Vgl. ebd.: 73) So wird an netzwerkende Subjekte appelliert, ununterbrochen an der eigenen Identität zu „arbeiten" und diese als ein fragiles Projekt zu begreifen, das sich nur in Abhängigkeit zu sozialen Beziehungen, also in sozialen Interaktionen, stabilisieren lässt (vgl. ebd.: 77).

Die Kommunikationswissenschaftlerin und Soziologin Carolin Wiedemann (vgl. 2017: 79 f.) betrachtet in Anlehnung an Foucaults Überlegungen zur Gouvernementalität SNS als Regierungsprogramme, die das Handeln von Nutzerinnen und Nutzern (mit-)strukturieren, indem sie u. a. zu bestimmten Verhaltensweisen, zur Sichtbarmachung bestimmter Aspekte des Selbst und des eigenen Lebens sowie zu Äußerung bestimmter Gegenstände anleiten. So können SNS als ein Teil gouvernementaler Ordnungen verstanden werden, die bestimmte Anforderungen anhand ausgewählter Anrufungen an das Subjekt (re-)produzieren (vgl. Leistert/Röhle 2011: 22). Heranwachsende werden kontinuierlich als unternehmerische Nutzerinnen und Nutzer angerufen, die eigene Person und den Alltag möglichst sichtbar auf SNS zu präsentieren, diese zu vergleichen, zu bewerten und zu evaluieren (vgl. Wiedemann 2017: 33). Als exemplarische Form der Anrufung zum Selbstbekenntnis auf SNS lässt sich u. a. die wohl bekannteste Frage von Facebook, What's on your mind? bzw. Was machst du gerade?, aufführen (vgl. Reichert 2014: 170; vgl. Wiedemann 2017: 77). Nach Wiedemann stellen die Technologien des Selbst einen gewichtigen Teil der Subjektivierung innerhalb SNS dar, denn nur anhand dieser können sich SNS überhaupt erst konstituieren und somit bestimmte Subjektvorstellungen (re-)produzieren, übertragen oder stabilisieren. SNS funktionieren also nur, weil diese von Individuen freiwillig genutzt werden. (Vgl. ebd.: 81)

Butlers Denkansätze lassen sich insofern auf SNS transferieren, als durch die sich ständig wiederholenden, geschlechtsdifferenzierenden Anrufungen der Nutzerinnen und Nutzer als „weiblich" oder „männlich" das heteronormative Konstrukt von Geschlechterrollen weiterhin fortgesetzt und stabilisiert wird (siehe u. a. Butler 2018). Der Kommunikationswissenschaftlerin Elisabeth Klaus (vgl. 2004: 166) zufolge werden durch geschlechtspezifische Darstellungen Kunstkörper geschaffen, die eine binäre Geschlechterordnung kontinuierlich reproduzieren und zugleich neu entwerfen.

So sind Identitätsbildungsprozesse Jugendlicher stets von gesellschaftlichen Vorstellungen und Konventionen, die auf SNS Ausdruck finden, geprägt. Die ununterbrochene Adressierung, sich über verschiedene Formate der Selbstdarstellung zu präsentieren, lässt die Aspekte von Körperlichkeit und „Schönheit" omnipräsent erscheinen. Heranwachsende sind dazu angehalten, das eigene Selbstverhältnis im ständigen Vergleich zu anderen Nutzerinnen und Nutzern sowie deren (vermeintlichen) Lebensstilen auszuarbeiten. Von wesentlicher Bedeutung sind hierbei also die anderen, die als Mittel für Differenzierungs- und Vergleichsprozesse sowie für die eigene Selbstbestätigung und somit Selbstverortung fungieren. SNS stellen folglich einen konkurrenzorientierten Markt dar, der oftmals verzerrte, realitätsferne Idealvorstellungen über jene Aspekte von Körperlichkeit, „Schönheit" sowie über bestimmte Arten der Lebensführung suggeriert und Jugendliche somit in ihrer Selbstwahrnehmung maßgeblich zu beeinflussen vermag. (Vgl. Bublitz 2014: 9; Vgl. Wiedemann 2017: 85 f.) Heranwachsende vergewissern sich ihrer selbst also in ununterbrochener Interaktion mit anderen. Das Selbst konstituiert sich schließlich „[...] als performative Rück- und Anwendung einer dynamischen Vielfalt gesellschaftlicher Erwartungen und Normalität(en)", so Bublitz (2014: 17).

SNS lassen sich wesentlich durch die sozialen Dynamiken gesellschaftlicher Inklusions- und Exklusionsprozesse kennzeichnen, so der Kultur- und Medientheoretiker Ralf Adelmann (vgl. 2011: 133 f.). Rating- und Ranking-Funktionen auf SNS, wie z. B. das Zählen von „Likes" bzw. „Hearts" oder der Freunde bzw. „Follower", schaffen eine numerische Ordnung, an welcher sich Jugendliche in der Konstitution des eigenen Selbst orientieren und vermessen. Insbesondere diejenigen Nutzerinnen und Nutzer, die (vermeintlich) wenig Zuspruch auf SNS erfahren, werden häufig erheblich in ihren Identitätsbildungsprozessen beeinträchtigt, was u. a. zu einem verminderten Selbstwertgefühl führen kann. Infolgedessen stellen SNS neben der realweltlichen Umgebung eine weitere Angriffsfläche für Exklusionsprozesse dar. (Vgl. ebd.: 138; Vgl. Marx 2017: 39 f.)

Durch die von SNS vorgenommene Personalisierung über sogenannte „Click Tracks", Plugins wie dem „Like"- oder „Heart"-Button, die Angabe von Informationen bei der Registrierung und über unzählige weitere Dienste zur Datenerfassung werden Profile und Gruppen klassifiziert, um diese dann gezielt adressieren zu können (vgl. Lummerding 2011: 203). Diese Personalisierung lässt sich insofern als determiniert begreifen, als sie „[...] jene Aspekte verstärkt und reproduziert, die zuallererst von [...] einer Netzwerkplattform erfasst und anhand von intransparenten Annahmen, die in dem Personalisierungs-Algorithmus eingeschrieben sind, interpretiert werden können", so Lummerding (ebd.: 204). In Anbetracht dessen gilt es zu reflektieren, inwieweit durch eine solche personalisierte Ordnung Heranwachsenden eine auf proprietärem Wissen basierende, individuell abgestimmte Wahrnehmung von Wirklichkeit und Welt vermittelt wird. So bewegen sich Jugendliche auf SNS (meist unwissend) innerhalb eines weitgehend homogenen Feldes, das ihnen individuell zugeschnittene Inhaltsformate wiederholt vorschlägt und dabei andere wiederum ganz ausschließt. So lassen sich Prozesse der Identitätsbildung in der Phase der Adoleszenz auf SNS vor dem Hintergrund eines derart konsistenten Raumes – den sogenannten „Echokammern" oder „Filterblasen" – als durchaus beschränkt begreifen. (Vgl. ebd.; siehe auch Pariser 2011; Sunstein 2001)

"[...] the society as a whole might become polarized into factions and groups that do know the same things about events in the world. These factions then might develop different opinions, goals and behaviors" (Tewksbury/Rittenberg 2012: 130).

In Anlehnung an dieses Zitat machen die Kommunikationswissenschaftlerinnen Birgit Stark und Melanie Magin sowie der Kommunikationswissenschaftler Pascal Jürgens aufmerksam auf die sozialen Polarisierungseffekte, die sich durch das personalisierte Filtern medialer Inhalte auf gleichgesinnte Perspektiven ergeben können. So besteht das Risiko, dass es innerhalb jener „Echokammern" oder „Filterblasen" zu einer Radikalisierung kommen kann, die z. B. den Ausbau extremer politischer Haltungen begünstigen kann. Nach Stark, Magin und Jürgens ist in diesem Sinne eine Polarisierung der Gesamtheit einer Gesellschaft denkbar: Gegensätzliche Vorstellungen entfernen sich zunehmend voneinander und lassen sich zu einem bestimmten Zeitpunkt nicht mehr miteinander vereinen. Insbesondere die fragilen Konstruktionsprozesse der Identität in der Phase der Adoleszenz erscheinen diesbezüglich als besonders vulnerabel – so können sich Heranwachsende auf SNS durch die Wahrnehmung ähnlicher oder gleicher Interessensvertreterinnen und Interessensvertreter in den eigenen Annahmen bestätigt fühlen und lassen sich zugleich – womöglich leichter – zur Übernahme bestimmter Haltungen verleiten. (Vgl. Stark et al. 2017: 32)

Über jene Personalisierungsprozesse werden nach Coté und Pybus (vgl. 2011: 55) Identitäten fortwährend (re-)produziert. Die Rubriken auf SNS, wie der „Newsfeed" von Facebook und Instagram oder der „Für-Dich-Feed" von TikTok, dienen hierbei als „[...] ein »performatives« virtuelles Spielfeld, das die Produktion von Subjektivitäten online antreibt, während es gleichzeitig als Werbeportal fungiert, das die immaterielle Arbeit abschöpft, welche die Nutzer leisten müssen, um erkennbar zu bleiben" (ebd.). So stellen die Profile der Nutzerinnen und Nutzer auf SNS wesentliche „Orte des Werdens" bzw. eine Fläche für Subjektivierungsprozesse dar (vgl. ebd.). Jugendliche werden folglich dazu angeleitet, vernetzte Subjektivität auf SNS zu produzieren, die gleichzeitig unzählige Formen der Verwertung und der Zirkulation anbieten. Subjektivität und Kommunikation stellen nach Coté und Pybus (ebd.: 63) insofern eine „[...] aktive Äußerung der kapitalistischen Produktion [...]" dar. Nutzerinnen und Nutzer generierte Datensammlungen werden von SNS-Betreiberinnen und -Betreibern als profitable Ressourcen für Tausch und Mehrwert u. a. auf politisch-ökonomischer Ebene genutzt.

In diesem Sinne lassen sich SNS in der Zeit von Big Data „[...] zunehmend als gigantische Datensammler für Beobachtungsanordnungen sozialstatistischen Wissens und als Leitbild normalisierender Praktiken" annehmen (Reichert 2014: 164 f.). Big Data meint an dieser Stelle „[...] die Überlagerung eines statistisch fundierten Kontrollwissens mit einer medientechnologisch fundierten Makroorientierung an der ökonomischen Verwertbarkeit von Daten und Informationen", so Reichert (ebd.: 165). SNS-Betreiberinnen und -Betreiber entwickeln hierzu verschiedene Wissenstechniken für die personenbezogene Datenerfassung der Nutzerinnen und Nutzer durch bestimmte Klassifizierungs-, Taxierungs-, Registrierungs- und Ratingverfahren (vgl. ebd.: 169). Damit werden bestimmte Subjektkulturen markiert, die sich insbesondere durch soziale und kulturelle Abgrenzungsmechanismen konstituieren. Diese Markierungen stellen sich als besonders herausfordernd für Heranwachsende dar, deren Identitätsbildungsprozesse maßgeblich von Aspekten der Anerkennung und Zugehörigkeit geprägt sind. (Vgl. ebd.: 171) Jenes prognostizierende Datenwissen ist allerdings aus der Anwendungsebene der SNS ausgeschlossen und somit deren Nutzerinnen und Nutzern nicht zugänglich. Dies bringt eine asymmetrisch verlaufende Machtbeziehung hervor: Prognosetechniken lassen sich zugleich als Machttechniken interpretieren, die sich innerhalb infrastruktureller Systeme und medialer Anordnungen manifestieren. In diesem Kontext ist von bestimmten, auf SNS wirkmächtigen Machtstrukturen auszugehen, die über die Lebens-, Gesellschafts- und Selbstentwürfe von Individuen – im Sinne dieser Arbeit: von Heranwachsenden – (mit-)bestimmen. (Vgl. ebd.: 177 f.)

SNS lassen sich folglich nicht einfach als bloße Dienstleistungen begreifen, vielmehr sind diese gleichzeitig auch Websites der Produktion, die Wert aus den Aktivitäten der Nutzerinnen und Nutzer generieren, bekräftigt der Kommunikations- und Medienwissenschaftler Mark Andrejevic (vgl. 2011: 38). Auf Grundlage jener Auswertungsverfahren lässt sich das interessensgebundene und zielgruppenspezifische Konsumverhalten Heranwachsender untersuchen bzw. prognostizieren und zugleich werden die Möglichkeiten herausgearbeitet, wie dieses beeinflusst werden kann. Reichert spricht in diesem Kontext von Nutzerinnen und Nutzern als unbezahlten Werbeträgerinnen und Werbeträgern. So befinden sich Jugendliche auf SNS unter ständiger Einflussnahme ökonomischer sowie politischer Interessen und lassen sich anhand dieser innerhalb ihrer Identitätsbildungsprozesse entsprechend formen. (Vgl. ebd.: 33; Vgl. Reichert 2014: 174)

Abschließend lässt sich festhalten, dass Identitätsbildungsprozesse in der Adoleszenz auf SNS immer auch unter Einbeziehung der zuvor aufgeführten Probleme, die damit einhergehen können, betrachtet werden müssen. Zusammenfassend werden SNS hierfür als technisch konstruierte, von bzw. durch Algorithmen geformte und berechenbare Räume begriffen, die durch verschiedene Subjektivierungsprozesse die Ausarbeitung des eigenen Selbst erheblich (mit-)gestalten können. Datenbanken sammeln hierfür endlos personenbezogene Daten der Nutzerinnen und Nutzer und verwenden – oder viel mehr „missbrauchen" – diese für unterschiedliche, eigennützige Zwecke, insbesondere im Sinne ökonomischer und politischer Interessen. Durch den Einsatz unterschiedlicher Formen des Ratings und Rankings auf SNS werden Differenzkonstruktionen geschaffen, die normierte Subjektpositionen hervorbringen. Diese können oftmals verzerrte, realitätsferne Idealvorstellungen suggerieren, an welchen sich Heranwachsende in der Herausbildung der eigenen Identität orientieren und vermessen. In diesem Kontext können sich SNS als erweiterte Angriffsfläche für vor allem diejenigen Heranwachsenden darstellen, die weniger Zuspruch durch soziale Interaktionen erfahren. Außerdem eröffnen SNS an dieser Stelle ein Feld zur (Re-)Produktion für Stigmata und Stereotype auf SNS, vor allem in Hinblick auf die Diskurse um Gender und Ethnie.

## 5 Fazit und Ausblick

Die vorangegangenen Ergebnisse zeigen, dass sich Social Media bzw. SNS vor dem Hintergrund mediatisierter Alltagswelten als zentraler Ort für Identitätsbildungsprozesse in der Phase der Adoleszenz erweisen. Dieser kann sowohl einige Möglichkeiten für die Entwicklung der eigenen Identität eröffnen als auch verschiedene Probleme mit sich bringen. SNS erscheinen an dieser Stelle als erweitertes Handlungsfeld für Heranwachsende, das neben realweltlichen Interaktionen gleichzeitig die Möglichkeit zu virtuellen Interaktionen in sozialen Netzwerken bietet. Heranwachsende konstituieren Identität(en) innerhalb dieser hybriden Alltagswirklichkeiten.

SNS lassen sich als soziale Probebühnen verstehen, die es Jugendlichen ermöglichen, durch Prozesse des Ausprobierens und Kennenlernens verschiedener Handlungsmöglichkeiten ein ausdifferenzierteres Verhältnis zu sich selbst einzunehmen. Gleichzeitig eröffnen SNS eine Vielfalt an Ausdrucksmöglichkeiten, die es Heranwachsenden erlaubt, die eigene Person vor einer relativ breiten (privaten) Öffentlichkeit repräsentieren sowie positionieren zu können. Diese lassen Heranwachsende weniger als (passive) Rezipientinnen und Rezipienten erscheinen, sondern viel mehr als eigene Produzentinnen und Produzenten (Produser), die durch kreative Gestaltungsweisen das eigene Selbst inszenieren und prozesshaft herauszuarbeiten vermögen. Eine authentische Selbstdarstellung ist hierfür von wesentlicher Bedeutung. Durch soziales Feedback, das anhand verschiedener medialer Funktionen vermittelt werden kann, sind Jugendliche dazu angehalten, das eigene Selbst zu reflektieren und gegebenenfalls zu überarbeiten. Erreicht die Jugendlichen schließlich Zuspruch und Anerkennung über SNS, so kann sich dies konstituierend auf die Entwicklung einer stabilen Identität auswirken. Zugleich eröffnen SNS Raum für Zugehörigkeits- und Abgrenzungsprozesse in der Ausarbeitung der eigenen Person. Heranwachsenden ist es demnach möglich, sich selbst in einem sozialen Netzwerk zu verorten und der eigenen Positionierung Ausdruck zu verleihen. SNS können außerdem zur Überwindung von gesellschaftlichen Segregationsprozessen und geografischen Beschränkungen beitragen. Jugendlichen ist es durch vernetzte (mobile) omnipräsente Medien möglich, neben dem direkten sozialen Umfeld weitere Verbindungen zu konstituieren sowie Kontakte über geografisch weite Distanzen hinweg zu pflegen. SNS können insofern den Horizont Heranwachsender erweitern und somit gleichzeitig Raum für Inspiration bieten. Außerdem lassen sich SNS als wesentliche Vermittler für bestimmte Werte und Haltungen festmachen. Bei inhaltlich wertvollen Beiträgen kann sich dies konstituierend auf die Identitätsbildungsprozesse in der Adoleszenz auswirken.

Neben diesen Möglichkeiten, die sich auf SNS für die Identitätsbildungsprozesse Heranwachsender ergeben, sind jedoch auch einige Probleme verbunden. SNS lassen sich zunächst als technisch konstruierte, von Algorithmen geformte und berechnete Räume definieren. Insofern wird auf SNS immer auch ein Rahmen vorgegeben, der durch bestimmte Faktoren verwendeter Softwarecodes wie etwa der vorgegebenen Datenfelder geschaffen wird. Die Entwicklung von Identität ist somit immer an bestimmte, normative Rahmenbedingungen gebunden. Verschiedene Prinzipien des Rankings und Ratings sowie deren Auswirkungen können dazu beitragen, eine Vielzahl an Differenzkonstruktionen zu bilden oder bereits vermittelte zu stabilisieren. So lassen sich SNS wesentlich durch soziale Dynamiken gesellschaftlicher Inklusions- und Exklusionspraktiken kennzeichnen. Eine solche numerische Ordnung kann Heranwachsende dazu verleiten, sich in der Konstitution der eigenen Identität anhand dieser Ordnung sowie in der Auseinandersetzung mit anderen Nutzerinnen und Nutzern entsprechend zu vermessen. Die vielfältigen Ausdrucksweisen zur Selbstdarstellung auf SNS lassen Aspekte wie Körperlichkeit, „Schönheit" oder bestimmte Lebensweisen omnipräsent wirken, die wiederum bestimmte (oft verzerrte, realitätsferne) Idealvorstellungen hervorbringen bzw. suggerieren können. Heranwachsende sind dazu angehalten, sich an den hierdurch hervorgebrachten, normierten Subjektpositionen in den Prozessen der Identitätsbildung zu orientieren, die wiederum fortwährend weiter (re-)produziert werden. Vor allem für diejenigen Jugendlichen, die vermeintlich wenig Zuspruch über soziales Feedback erfahren, können SNS eine (erweiterte) Angriffsfläche darstellen. Zudem können SNS zur Konstitution sowie zur Stabilisierung von Stereotypen und Stigmata beitragen, wie insbesondere die Diskurse um Gender und Ethnie zeigen. Hierdurch können bestimmte normative Vorstellungen von Identitätskonzepten oder Zuschreibungen und Festschreibungen gesellschaftlicher Gruppen sowie sozialer Rollen (re-)produziert werden. Diese können erheblich dazu beitragen, Vorlagen für normierte Welt- und Selbstbilder zu schaffen, die wiederum personale wie auch kollektive Identitätsentwürfe formen können. So lassen sich SNS durch eine Vielzahl an Subjektivierungspraktiken kennzeichnen, die als Räume, innerhalb welcher Subjekte „produziert" werden (doing subject), begriffen werden können. Subjekte, in diesem Sinne Jugendliche, werden kontinuierlich dazu angerufen, sich als selbstständig und unternehmerisch handelnde Individuen zu konstituieren. Infolgedessen sind Heranwachsende ununterbrochen dazu angehalten, an der eigenen Identität zu „arbeiten". Hierfür soll die eigene Person sowie das Alltagsgeschehen möglichst transparent auf SNS präsentiert werden. Für Betreiberinnen und Betreiber von SNS erweisen sich diese personengenerierten Daten als profitable Ressourcen, die vor allem auf politscher und ökonomischer Ebene für Tausch und Mehrwert genutzt werden. Identitätsbildungsprozesse Heranwachsender werden so stets unter den Einflüssen dieser Interessen geformt. Datenbanken ermöglichen die Berechnung personalisierter Algorithmen – so werden abgestimmte Wahrnehmungen von Welt und Wirklichkeit vermittelt. Heranwachsende bewegen sich in einem weitgehend homogenen Feld („Echokammern" oder „Filterblasen"), das bestimmte Inhalte wiederholt vorschlägt und andere wiederum ganz ausschließt. Dies kann Identitätsbildungsprozesse Heranwachsender auf SNS als begrenzt erscheinen lassen und gleichzeitig die Gefahr von Polarisierungseffekten mit sich bringen. Letztlich handelt es sich um regulierende Machtstrukturen, die Lebens-, Gesellschafts- und Selbstentwürfe von Individuen wesentlich (mit-)gestalten. Identitätsbildungsprozesse sind somit stets in diskursive und technische Bedingungen eingebettet.

Die vorgestellten Ergebnisse zeigen, dass Social Media bzw. SNS einerseits einige Möglichkeiten für die Identitätsbildungsprozesse in der Adoleszenz eröffnen, andererseits jedoch auch verschiedene Probleme hervorbringen können. Deshalb gilt es stets die Gesamtheit der sich ergebenden Möglichkeiten und Probleme zu berücksichtigen, diese für Heranwachsende zugänglich zu machen und ihnen gegebenenfalls näher zu bringen.

Die vorliegende Arbeit stellt einen wissenschaftlichen Beitrag dar, der Social Media aus fundierter, kritischer Perspektive als erweitertes Handlungsfeld für Identitätsbildungsprozesse gegenwärtiger Zeit beleuchtet. Vor dem Hintergrund sich kontinuierlich weiterentwickelnder Technologien und der zeitlich bedingten Veränderbarkeit des Identitätskonzeptes eröffnet das Themengebiet „Social Media und Identitätsbildung" fortwährend weiteren Forschungsbedarf.

In Anbetracht dessen ließe sich auf der Grundlage vorangegangener Darstellungen zudem erforschen, inwieweit sich Heranwachsende der angeführten Probleme, die sich für Identitätsbildungsprozesse auf Social Media bzw. SNS ergeben können, tatsächlich bewusst sind und ob ein gesteigertes Bewusstsein das Nutzungsverhalten signifikant verändern würde.

# Literaturverzeichnis

Adelmann, Ralf (2011): Von der Freundschaft in Facebook. Mediale Politiken sozialer Beziehungen in Social Network Sites. In: Leistert, Oliver/Röhle, Theo (Hrsg.): Generation Facebook: über das Leben im Social Net. Bielefeld: transcript Verlag, S. 127–144.

Andrejevic, Mark (2011): Facebook als neue Produktionsweise. In: Leistert, Oliver/Röhle, Theo (Hrsg.): Generation Facebook: über das Leben im Social Net. Bielefeld: transcript Verlag, S. 31–49.

Bachmair, Ben (2010): Mediensozialisation: Entwicklung von Subjektivität in medialen und kulturellen Figurationen. In: Hoffmann, Dagmar/Mikos, Lothar (Hrsg.): Mediensozialisationstheorien. Modelle und Ansätze in der Diskussion. Wiesbaden: VS Verlag für Sozialwissenschaften, S. 67–92.

Barad, Karen (2017): Agentieller Realismus: über die Bedeutung materiell-diskursiver Praktiken. Edition Unseld. Berlin: Suhrkamp.

Baudrillard, Jean (1981): Simulacres et simulation. Débats. Paris: Galilée.

Bauman, Zygmunt/Ahrens, Uwe (1994): Dialektik der Ordnung: die Moderne und der Holocaust. Hamburg: Europäische Verlagsanstalt.

Beck, Ulrich (1993): Die Erfindung des Politischen: zu einer Theorie reflexiver Modernisierung. Edition Suhrkamp. Frankfurt am Main: Suhrkamp.

Beck, Ulrich/Giddens, Anthony/Lash, Scott (Hrsg.) (2014): Reflexive Modernisierung: eine Kontroverse. Edition Suhrkamp. Frankfurt am Main: Suhrkamp.

Bentele, Günter/Brosius, Hans-Bernd/Jarren, Otfried (Hrsg.) (2013): Lexikon Kommunikations- und Medienwissenschaft. Studienbücher zur Kommunikations- und Medienwissenschaft. Wiesbaden: Springer VS.

Bodle, Robert (2011): Regime des Austauschs. Offene APIs, Interoperabilität und Facebook. In: Leistert, Oliver/Röhle, Theo (Hrsg.): Generation Facebook: über das Leben im Social Net. Bielefeld: transcript Verlag, S. 79–100.

Boyd, Danah (2014): Es ist kompliziert: das Leben der Teenager in sozialen Netzwerken. München: Redline Verlag.

Boyd, Danah (2019): Friendship. In: Itō, Mizuko/Baumer, Sonja/Bittanti, Matteo (Hrsg.): Hanging out, messing around, and geeking out: kids living and learning with new media, The John D. and Catherine T. MacArthur Foundation series on digital media and learning. Cambridge, MA: The MIT Press, S. 79–84.

Boyd, Danah/Ellison, Nicole B. (2007): Social Network Sites: Definition, History, and Scholarship. In: Journal of Computer-Mediated Communication, Jg. 13/Erstausgabe, S. 210–230.

Braun, Karl-Heinz (2020): Entwicklungsaufgaben. In: Bollweg, Petra/Buchna, Jennifer/Coelen, Thomas/Otto, Hans-Uwe (Hrsg.): Handbuch Ganztagsbildung. Wiesbaden: Springer Fachmedien, S. 155–167.

Bröckling, Ulrich (2007): Das unternehmerische Selbst: Soziologie einer Subjektivierungsform. Suhrkamp Taschenbuch Wissenschaft. Frankfurt am Main: Suhrkamp.

Bublitz, Hannelore (2014): Im Beichtstuhl der Medien - Konstitution des Subjekts im öffentlichen Bekenntnis. In: Paulitz, Tanja/Carstensen, Tanja/Universität Innsbruck/Deutsche Gesellschaft für Soziologie/Österreichische Gesellschaft für Soziologie/Schweizerische Gesellschaft für Soziologie (Hrsg.): Subjektivierung 2.0: Machtverhältnisse digitaler Öffentlichkeiten, Österreichische Zeitschrift für Soziologie. Sonderheft. Wiesbaden: Springer VS, S. 7–21.

Butler, Judith (2001): Psyche der Macht. Das Subjekt der Unterwerfung. Frankfurt am Main: Suhrkamp.

Butler, Judith (2018): Das Unbehagen der Geschlechter. Edition Suhrkamp. Frankfurt am Main: Suhrkamp.

Coté, Mark/Pybus, Jennifer (2011): Social Networks: Erziehung zur Immateriellen Arbeit 2.0. In: Leistert, Oliver/Röhle, Theo (Hrsg.): Generation Facebook: über das Leben im Social Net. Bielefeld: transcript Verlag, S. 51–73.

DataReportal (2020): The World's Most-Used Social Platforms. Digital 2020: Global Digital Overview. Online verfügbar unter: https://datareportal.com/reports/digital-2020-global-digital-overview (Abgerufen am 15.07.2020).

Dreher, Michael/Dreher, Eva (1985): Wahrnehmung und Bewältigung von Entwicklungsaufgaben im Jugendalter: Fragen, Ergebnisse und Hypothesen zum Konzept einer Entwicklungs- und Pädagogischen Psychologie des Jugendalters. In: Oerter, Rolf (Hrsg.): Lebensbewältigung im Jugendalter. Weinheim : Deerfield Beach, FL: Edition Psychologie : Vertrieb, VCH Verlagsgesellschaft : VCH Publishers, S. S.30–61.

Erikson, Erik H. (2017): Identität und Lebenszyklus: drei Aufsätze. Suhrkamp-Taschenbuch Wissenschaft. Berlin: Suhrkamp.

Eschenbeck, Heike/Knauf, Rhea-Katharina (2018): Entwicklungsaufgaben und ihre Bewältigung. In: Lohaus, Arnold (Hrsg.): Entwicklungspsychologie des Jugendalters, Springer-Lehrbuch. Berlin, Heidelberg: Springer, S. 23–50.

Fend, Helmut (2005): Entwicklungspsychologie des Jugendalters. Wiesbaden: VS Verlag für Sozialwissenschaften.

Fend, Helmut/Fend, Helmut (1994): Die Entdeckung des Selbst und die Verarbeitung der Pubertät. Entwicklungspsychologie der Adoleszenz in der Moderne. Bern: Huber.

Filipović, Alexander (2013): Die Enge der weiten Medienwelt. Bedrohen Algorithmen die Freiheit öffentlicher Kommunikation? In: Communicatio Socialis, Jg. 46/2, S. 192–208.

Fischer, Felix (2016): „Heart me!". Eine Fallstudie zu der Frage, wie Jugendliche Bildsprache zur Identitätsbildung auf Instagram nutzen. In: Pädagogische Korrespondenz, Reihe 53, S. 93–107.

Flusser, Vilém (1989): Gedächtnisse. In: ARS ELECTRONICA (Hrsg.): Philosophien der neuen Technologie, Internationaler Merve-Diskurs. Berlin: Merve Verlag, S. 41–55.

Foucault, Michel (1973): Archäologie des Wissens. Frankfurt am Main: Suhrkamp.

Foucault, Michel (2005): Subjekt und Macht. In: Defert, Daniel/Ewald, François (Hrsg.): Schriften in vier Bänden. Dits et Ecrits. Frankfurt am Main: Suhrkamp, S. 269–293.

Foucault, Michel/Sennelart, Michel/Foucault, Michel (2004): Die Geburt der Biopolitik: Vorlesung am Collège de France 1978 - 1979. Geschichte der Gouvernementalität. Frankfurt a.M: Suhrkamp.

Gergen, Kenneth/Gergen, Mary (1997): Narratives of the Self. In: Memory, identity, community: The idea of narrative in the human sciences, S. 161–184.

Gergen, Kenneth J./May, Frauke (1996): Das übersättigte Selbst: Identitätsprobleme im heutigen Leben. Heidelberg: Carl-Auer-Systeme Verlag.

Grob, Alexander/Jaschinski, Uta (2003): Erwachsen werden: Entwicklungspsychologie des Jugendalters. Lehrbuch. Weinheim: Beltz PVU.

Grossberg, Lawrence (1999): Was sind Cultural Studies? In: Hörning, Karl H./Winter, Rainer (Hrsg.): Widerspenstige Kulturen: Cultural Studies als Herausforderung. Frankfurt am Main: Suhrkamp, S. 43–83.

Hall, Stuart (1999): Cultural Studies. Zwei Paradigmen. In: Bromley, Roger/Göttlich, Udo/Winter, Carsten (Hrsg.): Cultural Studies. Grundlagentexte zur Einführung. Lüneburg: Dietrich zu Klampen Verlag GbR, S. 113–138.

Hall, Stuart/Mehlem, Ulrich/Grell, Britta/John, Dominique/Hall, Stuart (1994): Rassismus und kulturelle Identität. Argument-Sonderband. Hamburg: Argument-Verlag.

Hartmann, Maren/Hepp, Andreas (Hrsg.) (2010): Die Mediatisierung der Alltagswelt. Medien-Kultur-Kommunikation. Wiesbaden: VS Verlag für Sozialwissenschaften.

Havighurst, Robert R.J. (1953): Human Development and Education. Toronto: Longmans, Green and co.

Hipfl, Brigitte (2004): Mediale Identitätsräume. Skizzen zu einem ›spatial turn‹ in der Medien- und Kommunikationswissenschaft. In: Hipfl, Brigitte/Klaus, Elisabeth/Scheer, Uta (Hrsg.): Identitätsräume: Nation, Körper und Geschlecht in den Medien: eine Topografie, Cultural Studies. Bielefeld: transcript Verlag, S. 16–50.

Hipfl, Brigitte (2010): Cultural Studies. In: Vollbrecht, Ralf/Wegener, Claudia (Hrsg.): Handbuch Mediensozialisation. Wiesbaden: VS Verlag für Sozialwissenschaften, S. 85–91.

Hipfl, Brigitte/Klaus, Elisabeth/Scheer, Uta (2004): Einleitung: Mediale Identitätsräume. In: Hipfl, Brigitte/Klaus, Elisabeth/Scheer, Uta (Hrsg.): Identitätsräume: Nation, Körper und Geschlecht in den Medien: eine Topografie, Cultural Studies. Bielefeld: transcript Verlag.

Hurrelmann, Klaus (2018): Wie die Sozialisationsforschung Wolfgang Klafkis didaktischen und schulorganisatorischen Ansatz erweitern kann. In: Braun, Karl-Heinz/Stübig, Frauke/Stübig, Heinz (Hrsg.): Erziehungswissenschaftliche Reflexion und pädagogisch-politisches Engagement: Wolfgang Klafki weiterdenken. Wiesbaden: Springer VS, S. 125–140.

Hurrelmann, Klaus/Bauer, Ullrich (2018): Einführung in die Sozialisationstheorie: das Modell der produktiven Realitätsverarbeitung. Pädagogik. Weinheim Basel: Beltz.

Hurrelmann, Klaus/Quenzel, Gudrun (2013): Lebensphase Jugend: eine Einführung in die sozialwissenschaftliche Jugendforschung. Grundlagentexte Soziologie. Weinheim München: Beltz Juventa.

Hurrelmann, Klaus/Quenzel, Gudrun (2016): Lebensphase Jugend: eine Einführung in die sozialwissenschaftliche Jugendforschung. Grundlagentexte Soziologie. Weinheim Basel: Beltz Juventa.

Jebens, Caroline (2020): App als Protestplattform: Was Tiktok zeigt – und was nicht. In: FAZ.NET. Online verfügbar unter: https://www.faz.net/1.6824851 (Abgerufen am 21.07.2020).

Jörissen, Benjamin (2000): Identität und Selbst: systematische, begriffsgeschichtliche und kritische Aspekte. Berliner Arbeiten zur Erziehungs- und Kulturwissenschaft. Berlin: Logos.

Jörissen, Benjamin (2014): Medialität und Subjektivation. Strukturale Medienbildung unter besonderer Berücksichtigung einer Historischen Anthropologie des Subjekts. Habilitationsschrift. Magdeburg: Otto-von-Guericke-Universität Magdeburg.

Jörissen, Benjamin (2016): Digitale Medien und Netzwerke: Herausforderungen für die Kulturelle Kinder- und Jugendbildung. In: Kammerer, Bernd (Hrsg.): Kulturelle Bildung in der Kinder- und Jugendarbeit - oder: der theoretische, konzeptionelle und praktische Zusammenhang von Jugendarbeit und kultureller Bildung. Nürnberger Forum der Kinder- und Jugendarbeit. Nürnberg: emwe-Verlag, S. 101–119.

Jörissen, Benjamin/Zirfas, Jörg (Hrsg.) (2010): Schlüsselwerke der Identitätsforschung. Wiesbaden: VS Verlag für Sozialwissenschaften.

Kammerl, Rudolf (2017): Das Potential der Medien für die Bildung des Subjekts. Überlegungen zur Kritik der Subjektorientierung in der medienpädagogischen Theoriebildung. In: MedienPädagogik: Zeitschrift für Theorie und Praxis der Medienbildung, Jg. 27, S. 30–49.

Keupp, Heinrich (Hrsg.) (1999): Identitätskonstruktionen: das Patchwork der Identitäten in der Spätmoderne. Rowohlts Enzyklopädie. Reinbek bei Hamburg: Rowohlt.

Klaus, Elisabeth (2004): Sexed/Gendered Bodies und die Medien in der Perspektive der Kommunikationswissenschaft. In: Hipfl, Brigitte/Klaus, Elisabeth/Scheer, Uta (Hrsg.): Identitätsräume: Nation, Körper und Geschlecht in den Medien: eine Topografie, Cultural Studies. Bielefeld: transcript Verlag, S. 165–171.

Kneidinger-Müller, Bernadette (2015): Identitätsbildung in sozialen Medien. In: Schmidt, Jan-Hinrik/Taddicken, Monika (Hrsg.): Handbuch Soziale Medien. Wiesbaden: Springer Fachmedien Wiesbaden, S. 61–80.

Langenscheidt Redaktion (Hrsg.) (2010): Langenscheidt Muret-Sanders Großwörterbuch Englisch-Deutsch. Teil 1. Berlin, München: Langenscheidt KG.

Leistert, Oliver/Röhle, Theo (2011): Identifizieren, Verbinden, Verkaufen. Einleitendes zur Maschine Facebook, ihren Konsequenzen und den Beiträgen in diesem Band. In: Leistert, Oliver/Röhle, Theo (Hrsg.): Generation Facebook: über das Leben im Social Net. Bielefeld: transcript Verlag, S. 7–30.

Luedtke, Jens (2018): Jugend. In: Kopp, Johannes/Steinbach, Anja (Hrsg.): Grundbegriffe der Soziologie. Wiesbaden: Springer Fachmedien Wiesbaden, S. 205–211.

Lummerding, Susanne (2011): Facebooking. What You Book is What You Get - What Else? In: Leistert, Oliver/Röhle, Theo (Hrsg.): Generation Facebook: über das Leben im Social Net. Bielefeld: transcript Verlag, S. 199–215.

Lyotard, Jean-François (1999): Das postmoderne Wissen: ein Bericht. Edition Passagen. Wien: Passagen-Verlag.

Marx, Konstanze (2017): Diskursphänomen Cybermobbing: ein internetlinguistischer Zugang zu [digitaler] Gewalt. Diskursmuster - discourse patterns. Boston: De Gruyter.

Mead, George Herbert/Morris, Charles W. (2017): Geist, Identität und Gesellschaft: aus der Sicht des Sozialbehaviorismus. Suhrkamp Taschenbuch Wissenschaft. Frankfurt am Main: Suhrkamp.

Meckel, Miriam (2010): This object cannot be liked. Online verfügbar unter: https://re-publica.com/de/session/object-cannot-be-liked (Abgerufen am 01.07.2020).

Mienert, Malte (2008): Total diffus: Erwachsenwerden in der jugendlichen Gesellschaft. Wiesbaden: VS Verlag für Sozialwissenschaften.

Missomelius, Petra (2006): Digitale Medienkultur: Wahrnehmung - Konfiguration - Transformation. Kultur- und Medientheorie. Bielefeld: transcript Verlag.

Ott, Michaela (2015): Dividuationen: Theorien der Teilhabe. Berlin: b_books.

O.V. (o. J.): JuSchG - Jugendschutzgesetz. Online verfügbar unter: https://www.gesetze-im-internet.de/juschg/BJNR273000002.html (Abgerufen am 24.05.2020).

Pariser, Eli (2011): The filter bubble: what the Internet is hiding from you. London: Viking.

Paus-Hasebrink, Ingrid/Trültzsch, Sascha (2012): Heranwachsen in den Zeiten des Social Web. In: Aufwachsen in sozialen Netzwerken: Chancen und Gefahren von Netzgemeinschaften aus medienpsychologischer und medienpädagogischer Sicht. München: Kopaed, S. 29–46.

Paus-Hasebrink, Ingrid/Trültzsch-Wijnen, Sasche/Hasebrink, Uwe (Hrsg.) (2017): Langzeitstudie zur Rolle von Medien in der Sozialisation sozial benachteiligter Heranwachsender: Lebensphase Jugend. Lebensweltbezogene Medienforschung. Baden-Baden: Nomos.

Quenzel, Gudrun (2015): Das Konzept der Entwicklungsaufgaben. In: Hurrelmann, Klaus (Hrsg.): Handbuch Sozialisationsforschung. Weinheim: Beltz, S. 233–250.

Reckwitz, Andreas (2006): Das hybride Subjekt: eine Theorie der Subjektkulturen von der bürgerlichen Moderne zur Postmoderne. Weilerswist: Velbrück.

Reckwitz, Andreas (2012): Subjekt. Einsichten - Themen der Soziologie. Bielefeld: transcript Verlag.

Reckwitz, Andreas (2017): Subjektivierung. In: Gugutzer, Robert/Klein, Gabriele/Meuser, Michael (Hrsg.): Handbuch Körpersoziologie: Band 1: Grundbegriffe und theoretische Perspektiven. Wiesbaden: Springer Fachmedien, S. 125–130.

Reichert, Ramón (2009): Amateure im Netz: Selbstmanagement und Wissenstechnik im Web 2.0. Bielefeld: transcript Verlag.

Reichert, Ramón (2014): Facebook und das Regime der Big Data. In: Paulitz, Tanja/Carstensen, Tanja/Universität Innsbruck/Deutsche Gesellschaft für Soziologie/Österreichische Gesellschaft für Soziologie/Schweizerische Gesellschaft für Soziologie (Hrsg.): Subjektivierung 2.0: Machtverhältnisse digitaler Öffentlichkeiten, Österreichische Zeitschrift für Soziologie. Sonderheft. Wiesbaden: Springer VS, S. 163–179.

Saferinternet.at (2020): Das sind die beliebtesten Sozialen Netzwerke. Jugend-Internet-Monitor 2020. Online verfügbar unter: https://www.saferinternet.at/presse-detail/jugend-internet-monitor-2020-das-sind-die-beliebtesten-sozialen-netzwerke/ (Abgerufen am 10.07.2020).

Schmidt, Jan-Hinrik (2018): Social Media. Medienwissen kompakt. Wiesbaden: Springer VS.

Schmidt, Jan-Hinrik/Paus-Hasebrink, Ingrid/Hasebrink, Uwe/Landesanstalt für Medien Nordrhein-Westfalen (Hrsg.) (2011): Heranwachsen mit dem Social Web: zur Rolle von Web-2.0-Angeboten im Alltag von Jugendlichen und jungen Erwachsenen. Schriftenreihe Medienforschung der Landesanstalt für Medien Nordrhein-Westfalen. Berlin: Vistas-Verlag.

Schmidt, Jan-Hinrik/Taddicken, Monika (Hrsg.) (2017): Handbuch soziale Medien. Springer Reference Sozialwissenschaften. Wiesbaden: Springer VS.

Schorb, Bernd (2006): Identitätsbildung in der konvergenten Medienwelt. In: Wagner, Ulrike/Theunert, Helga (Hrsg.): Neue Wege durch die konvergente Medienwelt. Studie im Auftrag der Bayrischen Landeszentrale für neue Medien (BLM). München: Verlag Reinhard Fischer, S. 149–160.

Stark, Birgit/Magin, Melanie/Jürgens, Pascal (2017): Ganz meine Meinung? Informationsintermediäre und Meinungsbildung - eine Mehrmethodenstudie am Beispiel von Facebook. LfM-Dokumentation. Düsseldorf: Landesanstalt für Medien Nordrhein-Westfalen (LfM).

Sunstein, Cass R. (2001): Echo chambers: Bush v. Gore, impeachment, and beyond. Princeton, N.J.: Princeton University Press.

Süss, Daniel (2004): Mediensozialisation von Heranwachsenden: Dimensionen, Konstanten, Wandel. Wiesbaden: VS Verlag für Sozialwissenschaften.

Süss, Daniel/Hipeli, Eveline (2010): Medien im Jugendalter. In: Vollbrecht, Ralf/Wegener, Claudia (Hrsg.): Handbuch Mediensozialisation. Wiesbaden: VS Verlag für Sozialwissenschaften, S. 142–150.

Süss, Daniel/Lampert, Claudia/Trültzsch-Wijnen, Christine W. (2018): Medienpädagogik: ein Studienbuch zur Einführung. Studienbücher zur Kommunikations- und Medienwissenschaft. Wiesbaden: Springer VS.

Tewksbury, David/Rittenberg, Jason (2012): News on the internet: information and citizenship in the 21st century. Oxford studies in digital politics. New York, N.Y: Oxford University Press.

Theunert, Helga/Schorb, Bernd (2010): Sozialisation, Medienaneignung und Medienkompetenz in der mediatisierten Gesellschaft. In: Hepp, Andreas/Hartmann, Maren (Hrsg.): Die Mediatisierung der Alltagswelt. Wiesbaden: VS Verlag für Sozialwissenschaften.

Unger, Alexander (2014): Identitätsbildung zwischen Kontrolle und Unverfügbarkeit. Die Rahmung von Interaktion, Selbstdarstellung und Identitätsbildung auf Social Network Sites am Beispiel Facebook. In: Kammerl, Rudolf/Unger, Alexander/Grell, Petra/Hug, Theo (Hrsg.): Diskursive und produktive Praktiken in der digitalen Kultur. Wiesbaden: Springer VS, S. 35–56.

Von Rotz, Jonas/Tokarski, Kim Oliver (2020): Social Influencer. In: Digitale Transformation und Unternehmensführung: Trends und Perspektiven für die Praxis. Wiesbaden: Springer Gabler, S. 407–434.

Wegener, Claudia (2008): Medien, Aneignung und Identität: „Stars" im Alltag jugendlicher Fans. Wiesbaden: VS Verlag für Sozialwissenschaften.

Wegener, Claudia (2010): Identität. In: Vollbrecht, Ralf/Wegener, Claudia (Hrsg.): Handbuch Mediensozialisation. Wiesbaden: VS Verlag für Sozialwissenschaften, S. 57–63.

Wiedemann, Carolin (2017): Kritische Kollektivität im Netz: Anonymous, Facebook und die Kraft der Affizierung in der Kontrollgesellschaft. Digital society. Bielefeld: transcript Verlag.

Zirfas, Jörg (2010): Identität in der Moderne: Eine Einleitung. In: Jörissen, Benjamin/Zirfas, Jörg (Hrsg.): Schlüsselwerke der Identitätsforschung. Wiesbaden: VS Verlag für Sozialwissenschaften, S. 9–18.

Zirfas, Jörg/Jörissen, Benjamin (2007): Phänomenologien der Identität: human-, sozial- und kulturwissenschaftliche Analysen. Wiesbaden: VS Verlag für Sozialwissenschaften.